LE COMTE
DE
MONTE-CHRISTO

PAR

ALEXANDRE DUMAS.

8

PARIS.

PÉTION, LIBRAIRE-ÉDITEUR

DES ŒUVRES COMPLÈTES D'EUGÈNE SUE,

11, RUE DU JARDINET.

1845

LE COMTE
MONTE-CHRISTO.

PARIS. — IMPRIMERIE DE A. HENRY,

RUE GIT-LE-COEUR, 8.

LE COMTE

DE

MONTE-CHRISTO

PAR

ALEXANDRE DUMAS.

VIII.

PARIS.

PÉTION, LIBRAIRE-ÉDITEUR,
11, RUE DU JARDINET.

1845

LE COMTE

DE

MONTE-CRISTO

PAR

ALEXANDRE DUMAS.

VIII.

PARIS.

LE COMTE DE MONTE-CHRISTO.

CHAPITRE PREMIER.

TOXICOLOGIE.

C'était bien réellement M. le comte de Monte-Christo qui venait d'entrer chez madame de Villefort, dans l'intention de rendre à M. le Procureur du Roi la visite qu'il lui a faite, et à ce nom toute la maison, comme on le comprend bien, avait été mise en émoi.

Madame de Villefort, qui était seule au salon lorsqu'on annonça le comte, fit aussitôt venir son fils pour que l'enfant réitérât ses remercîments au comte, et Édouard, qui n'avait cessé d'entendre parler depuis deux jours du grand personnage, se hâta d'accourir, non par obéissance pour sa mère, non pour venir remercier le comte, mais par curiosité et pour faire quelque remarque à l'aide de laquelle il pût placer un de ces lazzis qui faisaient dire à sa mère : Oh! le méchant enfant; mais il faut bien que je lui pardonne, il a tant d'esprit!

Après les premières politesses d'usage, le comte s'informa de M. de Villefort.

— Mon mari dîne chez M. le chancelier, répondit la jeune femme; il vient de partir à l'instant même, et il regrettera bien, j'en suis sûre, d'avoir été privé du bonheur de vous voir.

Deux visiteurs qui avaient précédé le comte dans le salon, et qui le dévoraient des yeux, se retirèrent après le temps raisonnable exigé à la fois par la politesse et par la curiosité.

— A propos, que fait donc ta sœur Valentine? dit madame de Villefort à Édouard; qu'on la prévienne afin que j'aie l'honneur de la présenter à M. le comte.

— Vous avez une fille, Madame? demanda le comte; mais ce doit être une enfant?

— C'est la fille de M. de Villefort, répliqua la jeune femme ; une fille d'un premier mariage, une grande et belle personne.

— Mais mélancolique, interrompit le jeune Édouard en arrachant, pour en faire une aigrette à son chapeau, les plumes de la queue d'un magnifique ara qui criait de douleur sur son perchoir doré.

Madame de Villefort se contenta de dire :

— Silence, Édouard !

Puis elle ajouta :

— Ce jeune étourdi a presque raison, et répète là ce qu'il m'a bien des fois entendu dire avec douleur ; car mademoiselle de Villefort est, malgré tout ce que nous pouvons faire pour la distraire, d'un caractère triste et d'une humeur taciturne qui nuit souvent à l'effet de sa beauté. Mais elle ne vient pas, Édouard; voyez donc pourquoi cela.

— Parce qu'on la cherche où elle n'est pas.

— Où la cherche-t-on?

— Chez grand-papa Noirtier.

— Et elle n'est pas là, vous croyez?

— Non, non, non, non, non, elle n'y est pas, répondit Édouard en chantonnant.

— Et où est-elle ? Si vous le savez, dites-le.

— Elle est sous le grand marronnier, continua le méchant garçon, en présentant, malgré les cris de sa mère, des mouches vivantes au perroquet, qui paraissait fort friand de cette sorte de gibier.

Madame de Villefort étendait la main pour sonner, et pour indiquer à la femme de chambre le lieu où elle trouverait Valentine, lorsque celle-ci entra.

Elle semblait triste en effet, et en la regardant attentivement on eût même pu voir dans ses yeux des traces de larmes.

Valentine, que nous avons, entraîné par la rapidité du récit, présentée à nos lecteurs sans la leur faire connaître, était une grande et svelte jeune fille de dix-neuf ans, aux cheveux châtain clair, aux yeux bleus foncés, à la démarche languissante et empreinte de cette exquise distinction qui caractérisait sa mère; ses mains blanches et effilées, son cou nacré, ses joues marbrées de fugitives couleurs, lui donnaient au premier aspect l'air d'une de ces belles Anglaises qu'on a comparées assez poétiquement dans leurs allures à des cygnes qui se mirent.

Elle entra donc, et voyant près de sa mère l'étranger dont elle avait tant entendu parler déjà, elle salua sans aucune minauderie de jeune fille et sans baisser les yeux, avec une grâce qui redoubla l'attention du comte.

Celui-ci se leva.

— Mademoiselle de Villefort, ma belle-fille, dit madame de Villefort à Monte-Christo, en se penchant sur son sofa et en montrant de la main Valentine.

— Et monsieur le comte de Monte-Christo, roi de la Chine, empereur de la Cochinchine, dit le jeune drôle en lançant un regard sournois à sa sœur.

Pour cette fois, madame de Villefort pâlit, et faillit s'irriter contre ce fléau domestique, qui répondait au nom d'Édouard; mais tout au contraire le comte sourit et parut regarder l'enfant avec complaisance, ce qui porta au comble la joie et l'enthousiasme de sa mère.

— Mais, Madame, reprit le comte en renouant la conversation et en regardant tour-à-tour madame de Villefort et Valentine, est-ce que je n'ai pas déjà eu l'honneur de vous voir quelque part, vous et Mademoiselle? Tout-à-l'heure j'y songeais déjà; et quand Mademoiselle est entrée, sa vue a été une lueur de plus jetée sur un souvenir confus, pardonnez-moi ce mot.

— Cela n'est pas probable, Monsieur, mademoiselle de Villefort aime peu le monde et nous sortons rarement, dit la jeune femme.

— Aussi n'est-ce point dans le monde que j'ai vu Mademoiselle, ainsi que vous, Madame, ainsi que ce charmant espiègle. Le monde parisien d'ailleurs m'est absolument inconnu, car, je crois avoir eu l'honneur de vous le dire, je suis à Paris depuis quelques jours. Non, si vous permettez que je me rappelle?... attendez... Le comte mit sa main sur son front comme pour concentrer tous ses souvenirs :

— Non, c'est au dehors... c'est... je ne sais pas... mais il me semble que ce souvenir est inséparable d'un beau soleil et d'une espèce de fête religieuse... Mademoiselle tenait des fleurs à la main; l'enfant courait après un beau paon dans un jardin, et vous, Madame, vous étiez sous une treille en berceau... Aidez-moi donc, Madame : est-ce que les choses que je vous dis là ne vous rappellent rien ?

— Non, en vérité, répondit madame de Villefort; et cependant il me semble, Monsieur, que si je vous avais rencontré quelque part, votre souvenir serait resté présent à ma mémoire.

— M. le Comte nous a vus peut-être en Italie, dit timidement Valentine.

— En effet, en Italie...... c'est possible, dit Monte-Christo. Vous avez voyagé en Italie, Mademoiselle?

— Madame et moi nous y allâmes il y a deux ans. Les médecins craignaient pour ma poitrine et m'avaient recommandé l'air de Naples. Nous passâmes par Bologne, par Pérouse et par Rome.

— Ah! c'est vrai, Mademoiselle, s'écria Monte-Christo, comme si cette simple indication suffisait à fixer tous ses souvenirs. C'est à Pérouse, le jour de la Fête-Dieu, dans le jardin de l'hôtellerie de la Poste, où le hasard nous a réunis, vous, Mademoiselle, votre fils et moi, que je me rappelle avoir eu l'honneur de vous voir.

— Je me rappelle parfaitement Pérouse, Monsieur, et l'hôtellerie de la Poste, et la fête dont vous me parlez, dit madame de Villefort ; mais j'ai beau interroger mes souvenirs, et j'ai honte de mon peu de mémoire, je ne me souviens pas d'avoir eu l'honneur de vous voir.

— C'est étrange, ni moi non plus, dit Valentine en levant ses beaux yeux sur Monte-Christo.

— Ah ! moi je m'en souviens, dit Édouard.

— Je vais vous aider, Madame, reprit

le comte. La journée avait été brûlante ; vous attendiez des chevaux qui n'arrivaient pas à cause de la solennité. Mademoiselle s'éloigna dans les profondeurs du jardin, et votre fils disparut, courant après l'oiseau.

— Je l'ai attrapé, maman; tu sais, dit Édouard, je lui ai même arraché trois plumes de la queue.

— Vous, Madame, vous demeurâtes sous le berceau de vigne; ne vous souvient-il plus, pendant que vous étiez assise sur un banc de pierre et pendant que, comme je vous l'ai dit, mademoiselle de Villefort et M. votre fils étaient absents, d'avoir causé assez longtemps avec quelqu'un?

— Oui, vraiment, oui, dit la jeune

femme en rougissant, je m'en souviens, avec un homme enveloppé d'un long manteau de laine..... avec un médecin, je crois.

— Justement, Madame; cet homme, c'était moi; depuis quinze jours que j'habitais dans cette hôtellerie, j'avais guéri mon valet de chambre de la fièvre et mon hôte de la jaunisse, de sorte que l'on me regardait comme un grand docteur. Nous causâmes longtemps, Madame, de choses différentes, du Pérugin, de Raphaël, des mœurs, des costumes, de cette fameuse aqua-tofana, dont quelques personnes, vous avait-on dit, je crois, conservaient encore le secret à Pérouse.

— Ah! c'est vrai, dit vivement madame de Villefort avec une certaine inquiétude, je me rappelle.

— Je ne sais plus ce que vous me dîtes en détail, Madame, reprit le Comte avec une parfaite tranquillité, mais je me souviens parfaitement que, partageant à mon sujet l'erreur générale, vous me consultâtes sur la santé de mademoiselle de Villefort.

— Mais cependant, Monsieur, vous étiez bien réellement médecin, dit madame de Villefort, puisque vous avez guéri des malades.

— Molière ou Beaumarchais vous répondraient, Madame, que c'est justement parce que je ne l'étais pas que j'ai non point guéri mes malades, mais que mes malades ont guéri; moi, je me contenterai de vous dire que j'ai étudié assez à fond la chimie et les sciences naturelles, mais en amateur seulement.... vous comprenez.

En ce moment six heures sonnèrent.

— Voilà six heures, dit madame de Villefort, visiblement agitée; n'allez-vous pas voir, Valentine, si votre grand-père est prêt à dîner?

Valentine se leva, et, saluant le comte, elle sortit de la chambre sans prononcer un seul mot.

— Oh! mon Dieu, Madame, serait-ce donc à cause de moi que vous congédiez mademoiselle de Villefort? dit le Comte lorsque Valentine fut partie.

— Pas le moins du monde, reprit vivement la jeune femme; mais c'est l'heure à laquelle nous faisons faire à M. Noirtier le triste repas qui soutient sa triste existence. Vous savez, Monsieur, dans quel état déplorable est le père de mon mari?

— Oui, Madame, M. de Villefort m'en a parlé; une paralysie, je crois.

— Hélas! oui, il y a chez le pauvre vieillard absence complète de mouvement, l'ame seule veille dans cette machine humaine, et encore pâle et tremblante, et comme une lampe prête à s'éteindre. Mais pardon, Monsieur, de vous entretenir de nos infortunes domestiques, je vous ai interrompu au moment où vous me disiez que vous étiez un habile chimiste.

— Oh! je ne disais pas cela, Madame, répondit le comte avec un sourire; bien au contraire, j'ai étudié la chimie parce que, décidé à vivre particulièrement en Orient, j'ai voulu suivre l'exemple du roi Mithridate.

— *Mithridates, rex Ponticus,* dit l'étourdi en découpant des silhouettes dans un magnifique album, le même qui déjeûnait tous les matins avec une tasse de poison à la crême.

— Édouard! méchant enfant! s'écria madame de Villefort en arrachant ce livre mutilé des mains de son fils, vous êtes insupportable, vous nous étourdissez. Laissez-nous, et allez rejoindre votre sœur Valentine chez bon papa Noirtier.

— L'album!... dit Édouard.

— Comment, l'album?

— Oui, je veux l'album...

— Pourquoi avez-vous découpé les dessins?

— Parce que cela m'amuse.

— Allez-vous-en! allez!

— Je ne m'en irai pas si l'on ne me donne pas l'album, fit en s'établissant dans un grand fauteuil l'enfant fidèle à son habitude de ne jamais céder.

— Tenez, et laissez-nous tranquille, dit madame de Villefort; et elle donna l'album à Édouard qui partit accompagné de sa mère.

Le comte suivit des yeux madame de Villefort.

— Voyons si elle fermera la porte derrière lui, murmura-t-il.

Madame de Villefort ferma la porte avec le plus grand soin derrière l'enfant : le comte ne parut pas s'en apercevoir.

Puis en jetant un dernier regard autour d'elle, la jeune femme revint s'asseoir sur sa causeuse.

— Permettez-moi de vous faire observer, Madame, dit le comte avec cette bonhomie que nous lui connaissons, que vous êtes bien sévère pour ce charmant espiègle.

— Il le faut bien, Monsieur, répliqua madame de Villefort avec un véritable aplomb de mère.

— C'est son Cornelius Nepos que récitait M. Edouard en parlant du roi Mithridate, dit le comte, et vous l'avez interrompu dans une citation qui prouve que son précepteur n'a point perdu son temps avec lui, et que votre fils est fort avancé pour son âge.

— Le fait est, monsieur le Comte, reprit la mère flattée doucement, qu'il a une grande facilité, et qu'il apprend tout ce qu'il veut. Il n'a qu'un défaut, c'est d'être trop volontaire ; mais, à propos de ce qu'il disait, est-ce que vous croyez, par exemple, monsieur le Comte, que Mithridate usât de ces précautions et que ces précautions pussent être efficaces ?

— J'y crois si bien, Madame, que moi qui vous parle, j'en ai usé pour n'être pas empoisonné à Naples, à Palerme et à Smyrne, c'est-à-dire dans trois occasions, où, sans cette précaution, j'aurais pu laisser ma vie.

— Et le moyen vous a réussi?

— Parfaitement.

— Oui, c'est vrai; je me rappelle que vous m'avez déjà raconté quelque chose de pareil à Pérouse.

— Vraiment! fit le comte avec une surprise admirablement jouée; je ne me rappelle pas, moi.

— Je vous demandai si les poisons agissaient également et avec une semblable énergie sur les hommes du Nord et sur les hommes du Midi, et vous me répondites même que les tempéraments froids et lymphatiques des septentrionaux ne présentaient pas la même aptitude que la riche et énergique nature des gens du Midi.

— C'est vrai, dit Monte-Christo ; j'ai vu des Russes dévorer, sans en être incommodés, des substances végétales qui eussent tué infailliblement un Napolitain ou un Arabe.

— Ainsi, vous le croyez, le résultat serait encore plus sûr chez nous qu'en Orient, et au milieu de nos brouillards et de nos pluies, un homme s'habituerait plus facilement que sous une plus chaude latitude à cette absorption progressive du poison?

— Certainement; bien entendu toutefois qu'on ne sera prémuni que contre le poison auquel on se sera habitué.

— Oui, je comprends; et comment vous habitueriez-vous, vous, par exemple, ou plutôt comment vous êtes-vous habitué?

— C'est bien facile. Supposez que vous sachiez d'avance de quel poison on doit user contre vous..... supposez que ce poison soit de la..... brucine, par exemple.....

— La brucine se tire de la fausse angusture (1), je crois, dit madame de Villefort.

---

(1) *Brucæa ferruginea.*

— Justement, Madame, répondit Monte-Christo ; mais je vois qu'il ne me reste pas grand chose à vous apprendre, recevez mes compliments ; de pareilles connaissances sont rares chez les femmes.

— Oh ! je l'avoue, dit madame de Villefort, j'ai la plus violente passion pour les sciences occultes qui parlent à l'imagination comme une poésie, et se résolvent en chiffres comme une équation algébrique ; mais continuez, je vous prie, ce que vous me dites m'intéresse au plus haut point.

— Eh bien ! reprit Monte-Christo, supposez que ce poison soit de la brucine, par exemple, et que vous en preniez un milligramme le premier jour, deux milligrammes le second, eh bien ! au bout de dix jours vous aurez un centigramme ; au bout de vingt jours, en augmentant d'un autre milligramme, vous aurez trois centigrammes, c'est-à-dire une dose que vous supporterez sans inconvénient, et qui serait déjà fort dangereuse pour une autre personne qui n'aurait pas pris les mêmes précautions que vous ; enfin, au bout d'un mois, en buvant de l'eau dans la même carafe, vous tuerez la personne qui aura bu cette eau en même temps que vous, sans vous apercevoir autrement que par un simple malaise qu'il y ait eu une substance vénéneuse quelconque mêlée à cette eau.

— Vous ne connaissez pas d'autre contre-poison ?

— Je n'en connais pas.

— J'avais souvent lu et relu cette histoire de Mithridate, dit madame de Villefort pensive, et je l'avais prise pour une fable.

— Non, Madame ; contre l'habitude de l'histoire, c'est une vérité ; mais ce que vous me dites-là, Madame, ce que vous me demandez n'est point le résultat d'une question capricieuse, puisqu'il y a deux ans déjà vous m'avez fait des questions pareilles, et que vous me dites que depuis longtemps cette histoire de Mithridate vous préoccupait.

— C'est vrai, Monsieur, les deux études favorites de ma jeunesse ont été la botanique et la minéralogie ; et puis, quand j'ai su plus tard que l'emploi des simples expliquait souvent toute l'histoire des peuples et toute la vie des individus d'Orient, comme les fleurs expliquent toute leur pensée amoureuse, j'ai regretté de n'être pas homme, pour devenir un Flamel, un Fontana ou un Cabanis.

— D'autant plus, Madame, reprit Monte-Christo, que les Orientaux ne se bornent point, comme Mithridate, à se faire des poisons une cuirasse, ils s'en font aussi un poignard ; la science devient entre leurs mains non-seulement une arme défensive, mais encore fort souvent offensive ; l'une leur sert contre leurs souffrances physiques, l'autre contre leurs ennemis ; avec l'opium, avec la belladone, avec le hatchis, ils se procurent en rêve le bonheur que Dieu leur a refusé en réalité ; avec la fausse angusture, le bois de couleuvre, le laurier cerise, ils endorment ceux qui voudraient les réveiller. Il n'est pas une de ces femmes, égyptienne, turque ou grecque, qu'ici vous appelez de bonnes femmes, qui ne sache en fait de chimie de quoi stupéfier un médecin, et en fait de psychologie de quoi épouvanter un confesseur.

— Vraiment! dit madame de Villefort dont les yeux brillaient d'un feu étrange à cette conversation.

— Eh, mon Dieu! oui, Madame, continua Monte-Christo, les drames secrets de l'Orient se nouent et se dénouent ainsi depuis la plante qui fait aimer, jusqu'à la plante qui fait mourir; depuis le breuvage qui ouvre le ciel, jusqu'à celui qui vous plonge un homme dans l'enfer. Il y a autant de nuances de tous genres qu'il y a de caprices et de bizarreries dans la nature humaine, physique et morale, et, je dirai plus, l'art de ces chimistes sait accommoder admirablement le remède et le mal à ses besoins d'amour ou à ses désirs de vengeance.

— Mais, Monsieur, reprit la jeune femme, ces sociétés orientales au milieu desquelles vous avez passé une partie de votre existence, sont donc fantastiques comme les contes qui nous viennent de leur beau pays; un homme y peut donc être supprimé impunément; c'est donc en réalité la Bagdad ou la Bassora de M. Galland? Les sultans et les vizirs qui régissent ces sociétés et qui constituent ce qu'on appelle en France le gouvernement, sont donc sérieusement des Haroun-al-Raschild et des Giaffar qui non-seulement pardonnent à un empoisonneur, mais encore le font premier ministre si le crime a été ingénieux, et qui, dans ce cas, en font graver l'histoire en lettres d'or pour se divertir aux heures de leur ennui ?

— Non, Madame, le fantastique n'existe plus même en Orient; il y a là-bas aussi, déguisés sous d'autres noms et cachés sous d'autres costumes, des commissaires de police, des juges d'instruction, des procureurs du roi et des experts. On y pend, on y décapite et l'on y empale très-agréablement les criminels; mais ceux-ci, en fraudeurs adroits, ont su dépister la justice humaine et assurer le succès de leurs entreprises par des combinaisons habiles. Chez nous, un niais possédé du démon de la haine ou de la cupidité, qui a un ennemi à détruire ou un grand parent à annihiler, s'en va chez un épicier, lui donne un faux nom qui le fait découvrir bien mieux que son nom véritable, et achète, sous prétexte que les rats l'empêchent de dormir, cinq à six grammes d'arsenic; s'il est très-adroit, il va chez cinq ou six épiciers, et n'en est que cinq à six fois mieux reconnu; puis, quand il possède son spécifique, il administre à son ennemi, à son grand parent, une dose d'arsenic qui ferait crever un mammouth ou un mastodonte, et qui, sans rime ni raison, fait pousser à la victime des hurlements qui mettent tout le quartier en émoi. Alors arrivent une nuée d'agents de police et de gendarmes; on envoie chercher un médecin, qui ouvre le mort, et récolte dans son estomac et dans ses entrailles l'arsenic à la cuillère. Le lendemain, cent journaux racontent le fait avec le nom de la victime et du meurtrier. Dès le soir même, l'épicier ou les épiciers, vient ou viennent dire : « C'est moi qui ai vendu l'arsenic à Monsieur ; » et plutôt que de ne pas reconnaître l'acquéreur, ils en reconnaîtraient vingt; alors le niais criminel est pris, emprisonné, interrogé, confronté, confondu, condamné et guillotiné ; ou si c'est une femme de quelque valeur, on l'enferme pour la vie. Voilà comme vos Septentrionaux entendent la chimie, Madame. Desrues cependant était plus fort que cela, je dois l'avouer.

— Que voulez-vous, Monsieur? dit en riant la jeune femme, on fait ce qu'on peut. Tout le monde n'a pas le secret des Médicis ou des Borgia.

— Maintenant, dit le comte en haussant les épaules, voulez-vous que je vous dise ce qui cause toutes ces inepties? C'est que sur vos théâtres, à ce dont j'ai pu juger du moins en lisant les pièces qu'on y joue, on voit toujours des gens avaler le contenu d'une fiole ou mordre le chaton d'une bague, et tomber raides morts; cinq secondes après, le rideau baisse; les spectateurs sont dispersés. On ignore les suites du meurtre; on ne voit jamais ni le commissaire de police avec son écharpe, ni le caporal avec ses quatre hommes, et cela autorise beaucoup de pauvres cerveaux à croire que les choses se passent ainsi. Mais sortez un peu de France, allez soit à Alep, soit au Caire, soit seulement à Naples et à Rome, et vous verrez passer par les rues des gens droits, frais et roses, dont le Diable boiteux, s'il vous effleurait de son manteau, pourrait vous dire : « Ce Monsieur est empoisonné depuis trois semaines, et il sera tout-à-fait mort dans un mois. »

— Mais alors, dit madame de Villefort, ils ont donc retrouvé le secret de cette fameuse aqua tofana que l'on me disait perdue à Pérouse ?

— Eh ! mon Dieu ! Madame, est-ce que quelque chose se perd chez les hommes ? Les arts se déplacent, et font le tour du monde ; les choses changent de nom, voilà tout, et le vulgaire s'y trompe ; mais c'est toujours le même résultat, le poison. Chaque poison porte particulièrement sur tel ou tel organe ; l'un sur l'estomac, l'autre sur le cerveau, l'autre sur les intestins. Eh bien ! le poison détermine une toux, cette toux une fluxion de poitrine, ou telle autre maladie, cataloguée au livre de la science, ce qui ne l'empêche pas d'être parfaitement mortelle, et qui, ne le fût-elle pas, le deviendrait grâce aux remèdes que lui administrent les naïfs médecins, en général fort mauvais chimistes, et qui tourneront pour ou contre la maladie, comme il vous plaira, et voilà un homme tué avec art et dans toutes les règles, sur lequel la justice n'a rien à apprendre, comme disait un horrible chimiste de mes amis, l'excellent abbé Adelmonte de Taormine, en Sicile, lequel avait fort étudié ces phénomènes nationaux.

— C'est effrayant, mais c'est admirable, dit la jeune femme immobile d'attention; je croyais, je l'avoue, toutes ces histoires des inventions du moyen âge.

— Oui, sans doute, mais qui se sont encore perfectionnées de nos jours. A quoi donc voulez-vous que serve le temps, les encouragements, les médailles, les croix, les prix Monthyon, si ce n'est pour mener la société vers sa plus grande perfection? Or l'homme ne sera parfait que lorsqu'il saura créer et détruire comme Dieu; il sait déjà détruire, c'est moitié du chemin de fait.

— De sorte, reprit madame de Villefort revenant invariablement à son but, que les poisons des Borgia, des Médicis, des René, des Ruggieri, et plus tard probablement du baron de Trenk, dont ont tant abusé le drame moderne et le roman....

— Étaient des objets d'art, Madame, pas autre chose, répondit le comte. Croyez-vous que le vrai savant s'adresse banalement à l'individu même? Non pas. La science aime les ricochets, les tours de force, la fantaisie, si l'on peut dire cela. Ainsi, par exemple, cet excellent abbé Adelmonte, dont je vous parlais tout-à-l'heure, avait fait sous ce rapport des expériences étonnantes.

— Vraiment!

— Oui, je vous en citerai une seule. Il avait un fort beau jardin plein de légumes, de fleurs et de fruits; parmi ces légumes, il choisissait le plus honnête de tous, un chou par exemple. Pendant trois jours il arrosait ce chou avec une dissolution d'arsenic; le troisième jour, le chou tombait malade et jaunissait, c'était le moment de le couper; pour tous il paraissait mûr et conservait son apparence honnête; pour l'abbé Adelmonte seul il était empoisonné. Alors il rapportait le chou chez lui, prenait un lapin, l'abbé Adelmonte avait une collection de lapins, de chats et de cochons d'Inde qui ne le cédait en rien à sa collection de légumes, de fleurs et de fruits : l'abbé Adelmonte prenait donc un lapin et lui faisait manger une feuille du chou; le lapin mourait. Quel est le juge d'instruction qui oserait trouver à redire à cela, et quel est le procureur du Roi qui s'est jamais avisé de dresser contre M. Magendie ou M. Flourens un réquisitoire à propos des lapins, des cochons d'Inde et des chats qu'il a tués? Aucun. Voilà donc le lapin mort sans que la justice s'en inquiète. Ce lapin mort, l'abbé Adelmonte le fait vider par sa cuisinière et jette les intestins sur un fumier. Sur ce fumier, il y a une poule, elle becquète ces intestins, tombe malade à son tour et meurt le lendemain. Au moment où elle se débat dans les convulsions de l'agonie, un vautour passe (il y a beaucoup de vautours dans le pays d'Adelmonte), celui-là fond sur le cadavre, l'emporte sur un rocher et en dîne. Trois jours après, le pauvre vautour, qui depuis ce repas s'est trouvé constamment indisposé, se sent pris d'un étourdissement, au plus haut de la nue, il roule dans le vide et vient tomber lourdement dans votre vivier; le brochet, l'anguille et la murène mangent goulûment, vous savez cela, ils mordent le vautour. Eh bien! supposez que le lendemain l'on serve sur votre table cette anguille, ce brochet ou cette murène, empoisonnés à la quatrième génération, votre convive, lui, sera empoisonné à la cinquième, et mourra au bout de huit ou dix jours de douleurs d'entrailles, de maux de cœur, d'abcès au pylore. On fera l'autopsie, et les médecins diront :

— Le sujet est mort d'une tumeur au foie ou d'une fièvre typhoïde.

— Mais, dit madame de Villefort, toutes ces circonstances, que vous enchaînez les unes aux autres, peuvent être rompues par le moindre accident; le vautour peut ne pas passer à temps ou tomber à cent pas du vivier.

— Ah! voilà justement où est l'art; pour être un grand chimiste en Orient, il faut diriger le hasard; on y arrive.

Madame de Villefort était rêveuse, et écoutait.

— Mais, dit-elle, l'arsenic est indélébile; de quelque façon qu'on l'absorbe, il se retrouvera dans le corps de l'homme, du moment où il y sera entré en quantité suffisante pour donner la mort.

— Bien! s'écria Monte-Christo, bien! Voilà justement ce que je dis à ce bon Adelmonte.

Il réfléchit, sourit, et me répondit par un proverbe sicilien, qui est aussi, je crois, un proverbe français : « Mon enfant, le monde n'a pas été fait en un jour, mais en sept; revenez dimanche. »

Le dimanche suivant, je revins; au lieu

d'avoir arrosé son chou avec de l'arsenic, il l'avait arrosé avec une dissolution de sels à base de strychnine, *strichnos-colubrina,* comme disent les savants. Cette fois le chou n'avait pas l'air malade le moins du monde; aussi le lapin ne s'en défiat-il point, aussi cinq minutes après le lapin était-il mort; la poule mangea le lapin, et le lendemain elle était trépassée. Alors nous fîmes les vautours, nous emportâmes la poule et nous l'ouvrîmes. Cette fois tous les symptômes particuliers avaient disparu, et il ne restait que les symptômes généraux. Aucune indication particulière dans aucun organe; exaspération du système nerveux, voilà tout, et trace de congestion cérébrale, pas davantage; la poule n'avait pas été empoisonnée, elle était morte d'apoplexie. C'est un cas rare chez les poules, je le sais bien, mais fort commun chez les hommes.

Madame de Villefort paraissait de plus en plus rêveuse.

— C'est bien heureux, dit-elle, que de pareilles substances ne puissent être préparées que par des chimistes, car, en vérité, la moitié du monde empoisonnerait l'autre.

— Par des chimistes ou par des personnes qui s'occupent de chimie, répondit négligemment Monte-Christo.

— Et puis, dit madame de Villefort s'arrachant elle-même et avec effort à ses pensées, si savamment préparé qu'il soit, le crime est toujours le crime ; et s'il échappe à l'investigation humaine, il n'échappe pas au regard de Dieu. Les Orientaux sont plus forts que nous sur les cas de conscience et ont prudemment supprimé l'enfer, voilà tout.

— Eh! Madame, ceci est un scrupule qui doit naturellement naître dans une ame honnête comme la vôtre, mais qui en serait bientôt déraciné par le raisonnement. Le mauvais côté de la pensée humaine sera toujours résumé par ce paradoxe de Jean-Jacques Rousseau, vous savez. — Le mandarin qu'on tue à cinq mille lieues en levant le bout du doigt. — La vie de l'homme se passe à faire de ces choses-là, et son intelligence s'épuise à les rêver. Vous trouvez fort peu de gens qui s'en aillent brutalement planter un couteau dans le cœur de leur semblable ou qui lui administrent, pour le faire disparaître de la surface du globe, cette quantité d'arsenic que nous disions tout-à-l'heure. C'est là réellement une excentricité ou une bêtise. Pour en arriver là, il faut que le sang se chauffe à trente-six degrés, que le pouls batte à quatre-vingt-dix pulsations, et que l'ame sorte de ses limites ordinaires; mais si, passant, comme cela se pratique en philologie, du mot au synonyme mitigé, vous faites une simple élimination; au lieu de commettre un ignoble assassinat, si vous écartez purement et simplement de votre chemin celui qui vous gêne, et cela sans choc, sans violence, sans l'appareil de ces souffrances qui, devenant un supplice, font de la victime un martyr, et de celui qui agit un carnifex dans toute la force du mot; s'il n'y a ni sang, ni hurlements, ni contorsions, ni surtout cette horrible et compromettante instantanéité de l'accomplissement, alors vous échappez au coup de la loi humaine qui vous dit : Ne trouble pas la société! Voilà comment procèdent et réussissent les gens d'Orient, personnages graves et flegmatiques, qui s'inquiètent peu des questions de temps dans les conjonctures d'une certaine importance.

— Il reste la conscience, dit madame de Villefort, d'une voix émue et avec un soupir étouffé.

— Oui, dit Monte-Christo, oui, heureusement il reste la conscience, sans quoi l'on serait fort malheureux. Après toute action un peu vigoureuse, c'est la conscience qui nous sauve, car elle nous fournit mille bonnes excuses dont seuls nous sommes juges; et ces raisons, si excellentes qu'elles soient pour nous conserver le sommeil, seraient peut-être médiocres devant un tribunal pour vous conserver la vie. Ainsi Richard III, par exemple, a dû être merveilleusement servi par sa conscience après la suppression des deux enfants d'Édouard IV; en effet, il pouvait se dire : Ces deux enfants d'un roi cruel et persécuteur, et qui avaient hérité des vices de leur père, que moi seul ai su reconnaître dans leurs inclinations juvéniles; ces deux enfants me gênaient pour faire la félicité du peuple anglais dont ils eussent infailliblement fait le malheur. Ainsi fut servie par sa conscience lady Macbeth, qui voulait, quoi qu'en ait dit Shakspeare, donner un trône, non à son mari, mais à son fils.

Ah! l'amour maternel est une si grande vertu, un si puissant mobile, qu'il fait excuser bien des choses; aussi, après la mort de Duncan, lady Macbeth eût-elle été une femme fort malheureuse sans sa conscience.

Madame de Villefort absorbait avec avidité ces effrayantes maximes et ces horribles paradoxes débités par le comte avec cette naïve ironie qui lui était particulière.

Puis, après un instant de silence :

— Savez-vous, dit-elle, monsieur le Comte, que vous êtes un terrible argumentateur, et que vous voyez le monde sous un jour quelque peu livide? Est-ce donc en regardant l'humanité à travers les alambics et les cornues que vous l'avez jugée telle? Car vous aviez raison, vous êtes un grand chimiste, et cet élixir que vous avez fait prendre à mon fils, et qui l'a si rapidement rappelé à la vie...

— Oh! ne vous y fiez pas, Madame, dit Monte-Christo, une goutte de cet élixir a suffi pour rappeler à la vie cet enfant qui se mourait, mais trois gouttes eussent poussé le sang à ses poumons de manière à lui donner des battements de cœur; six lui eussent coupé la respiration, et causé une syncope beaucoup plus grave que celle dans laquelle il se trouvait; dix enfin l'eussent foudroyé. Vous savez, Madame, comme je l'ai écarté vivement de ces flacons auxquels il avait l'imprudence de toucher?

— C'est donc un poison terrible?

— Oh? mon Dieu, non! D'abord, admettons ceci, que le mot poison n'existe pas, puisqu'on se sert en médecine des poisons les plus violents, qui deviennent, par la façon dont ils sont administrés, des remèdes salutaires.

— Qu'était-ce donc, alors?

— C'était une savante préparation de mon ami, cet excellent abbé Adelmonte, et dont il m'a appris à me servir.

— Oh! dit madame de Villefort, ce doit être un excellent antispasmodique.

— Souverain, Madame, vous l'avez vu, répondit le comte, et j'en fais un usage fréquent; avec toute la prudence possible, bien entendu, ajouta-t-il en riant.

— Je le crois, répliqua sur le même ton madame de Villefort. Quant à moi, si nerveuse et si prompte à m'évanouir, j'aurais besoin d'un docteur Adelmonte pour m'inventer des moyens de respirer librement et me tranquilliser sur la crainte que j'éprouve de mourir un beau jour suffoquée. En attendant, comme la chose est difficile à trouver en France, et que votre abbé n'est probablement pas disposé à faire pour moi le voyage de Paris, je m'en tiens aux antispasmodiques de M. Planche; et la menthe et les gouttes d'Hoffmann jouent chez moi un grand rôle. Tenez, voici des pastilles que je me fais faire exprès; elles sont à double dose.

Monte-Christo ouvrit la boîte d'écaille que lui présentait la jeune femme, et respira l'odeur des pastilles en amateur digne d'apprécier cette préparation.

— Elles sont exquises, dit-il, mais soumises à la nécessité de la déglutition, fonction qui souvent est impossible à accomplir de la part de la personne évanouie. J'aime mieux mon spécifique.

— Mais bien certainement, moi aussi, je le préférerais d'après les effets que j'en ai vus surtout; mais c'est un secret sans doute, et je ne suis pas assez indiscrète pour vous le demander.

— Mais moi, Madame, dit Monte-Christo en se levant, je suis assez galant pour vous l'offrir.

— Oh! Monsieur.

— Seulement rappelez-vous une chose, c'est qu'à petite dose c'est un remède, à forte dose c'est un poison. Une goutte rend la vie comme vous l'avez vû, cinq ou six tueraient infailliblement, et d'une façon d'autant plus terrible, qu'étendues dans un verre de vin, elles n'en changeraient aucunement le goût. Mais je m'arrête, Madame, j'aurais presque l'air de vous conseiller.

Six heures et demie venaient de sonner, on annonça une amie de madame de Villefort qui venait dîner avec elle.

— Si j'avais l'honneur de vous voir pour la troisième ou la quatrième fois, monsieur le Comte, au lieu de vous voir pour la seconde, dit madame de Villefort; si j'avais l'honneur d'être votre amie, au lieu d'avoir tout bonnement le bonheur d'être votre obligée, j'insisterais pour vous retenir à dîner, et je ne me laisserais pas battre par un premier refus.

— Mille grâces, Madame, répondit Monte-Christo, j'ai moi-même un engagement auquel je ne puis manquer. J'ai promis de conduire au spectacle une princesse grecque de mes amies, qui n'a pas encore vu le grand Opéra, et qui compte sur moi pour l'y mener.

— Allez, Monsieur, mais n'oubliez pas ma recette.

— Comment donc, Madame, il faudrait pour cela oublier l'heure de conversation que je viens de passer près de vous, ce qui est tout-à-fait impossible.

Monte-Christo salua et sortit.

Madame de Villefort demeura rêveuse.

— Voilà un homme étrange, dit-elle, et qui m'a tout l'air de s'appeler de son nom de baptême Adelmonte.

Quant à Monte-Christo, le résultat avait dépassé son attente.

— Allons, dit-il en s'en allant, voilà une bonne terre; je suis convaincu que le grain qu'on y laisse tomber n'y avorte pas.

Et le lendemain, fidèle à sa promesse, il envoya la recette demandée.

CHAPITRE II.

ROBERT-LE-DIABLE.

La raison de l'Opéra était d'autant meilleure à donner, qu'il y avait ce soir-là solennité à l'Académie royale de Musique. Levasseur, après une longue indisposition, rentrait par le rôle de Bertram; et, comme toujours, l'œuvre du maestro à la mode avait attiré la plus brillante société de Paris.

Morcerf, comme la plupart des jeunes gens riches, avait sa stalle d'orchestre, plus dix loges de personnes de sa connaissance auxquelles il pouvait aller demander une place, sans compter celle à laquelle il avait droit dans la loge des lions.

Château-Renaud avait la stalle voisine de la sienne.

Beauchamp, en sa qualité de journaliste, était roi de la salle et avait sa place partout.

Ce soir-là Lucien Debray avait la disposition de la loge du ministre, et il l'avait offerte au comte de Morcerf, lequel, sur le refus de Mercédès, l'avait envoyée à Danglars, en lui faisant dire qu'il irait probablement faire dans la soirée une visite à la baronne et à sa fille, si ces dames voulaient bien accepter la loge qu'il leur proposait. Ces dames n'avaient eu garde de refuser. Nul n'est friand de loges qui ne coûtent rien comme un millionnaire.

Quant à Danglars, il avait déclaré que ses principes politiques et sa qualité de député de l'Opposition ne lui permettaient pas d'aller dans la loge du ministre. En conséquence, la baronne avait écrit à Lucien de la venir prendre, attendu qu'elle ne pouvait pas aller à l'Opéra seule avec Eugénie.

En effet, si les deux femmes y eussent

été seules, on eût certes trouvé cela fort mauvais; tandis que mademoiselle Danglars allant à l'Opéra avec sa mère et l'amant de sa mère, il n'y avait rien à dire : il faut bien prendre le monde comme il est fait.

La toile se leva, comme d'habitude, sur une salle à peu près vide. C'est encore une des habitudes de notre fashion parisienne d'arriver au spectacle quand le spectacle est commencé; il en résulte que le premier acte se passe, de la part des spectateurs arrivés, non pas à regarder ou à écouter la pièce, mais à regarder entrer les spectateurs qui arrivent et à ne rien entendre que le bruit des portes et celui des conversations.

— Tiens! dit tout-à-coup Albert en

voyant s'ouvrir une loge de côté de premier rang; tiens! la comtesse G***!

— Qu'est-ce que c'est que la comtesse G***? demanda Château-Renaud.

— Oh! par exemple, baron, voici une question que je ne vous pardonne pas ; vous demandez ce que c'est que la comtesse G***?

— Ah! c'est vrai, dit Château-Renaud; n'est-ce pas cette charmante Vénitienne?

— Justement.

En ce moment la comtesse G*** aperçut Albert et échangea avec lui un salut accompagné d'un sourire.

— Vous la connaissez? dit Château-Renaud.

— Oui, fit Albert, je lui ai été présenté à Rome par Franz.

— Voudrez-vous me rendre à Paris le même service que Franz vous a rendu à Rome?

— Bien volontiers.

— Chut! cria le public.

Les deux jeunes gens continuèrent leur conversation, sans paraître s'inquiéter le moins du monde du désir que paraissait éprouver le parterre d'entendre la musique.

— Elle était aux courses du Champ-de-Mars, dit Château-Renaud.

— Aujourd'hui?

— Oui.

— Tiens, au fait, il y avait courses. Étiez-vous engagé?

— Oh! pour une misère, pour cinquante louis.

— Et qui a gagné?

— *Nautilus*; je pariais pour lui.

— Mais il y avait trois courses?

— Oui. Il y avait le prix du Jockey-

Club, une coupe d'or. Il s'est même passé une chose assez bizarre.

— Laquelle ?

— Chut donc ! cria le public.

— Laquelle ? répéta Albert.

— C'est un cheval et un jockey complètement inconnus qui ont gagné cette course.

— Comment ?

— Oh ! mon Dieu ! oui ; personne n'avait fait attention à un cheval inscrit sous le nom de *Vampa* et à un jockey inscrit sous le nom de Job, quand on a vu s'avancer tout-à-coup un admirable alezan et un jockey gros comme le poing ; on a été obligé de lui fourrer vingt livres de plomb dans ses poches, ce qui ne l'a pas empêché d'arriver au but trois longueurs de cheval avant *Ariel* et *Barbaro* qui couraient avec lui.

— Et l'on n'a pas su à qui appartenaient le cheval et le jockey?

— Non.

— Vous dites que le cheval était inscrit sous le nom de...

— *Vampa*.

— Alors, dit Albert, je suis plus avancé que vous : je sais à qui il appartenait, moi.

— Silence donc! cria pour la troisième fois le parterre.

Cette fois la levée de boucliers était si grande, que les deux jeunes gens s'aperçurent enfin que c'était à eux que le public s'adressait. Ils se retournèrent un instant, cherchant dans cette foule un homme qui prît là responsabilité de ce qu'ils regardaient comme une impertinence; mais personne ne réitéra l'invitation, et ils se retournèrent vers la scène.

En ce moment la loge du ministre s'ouvrait, et madame Danglars, sa fille et Lucien Debray prenaient leurs places.

— Ah! ah! dit Château-Renaud, voilà des personnes de votre connaissance, vicomte. Que diable regardez-vous donc à droite? On vous cherche.

Albert se retourna et ses yeux rencontrèrent effectivement ceux de la baronne Danglars, qui lui fit avec son éventail un petit salut. Quant à mademoiselle Eugénie, ce fut à peine si ses grands yeux noirs daignèrent s'abaisser jusqu'à l'orchestre.

— En vérité, mon cher, dit Château-Renaud, je ne comprends point, à part la mésalliance, et je ne crois point que ce soit cela qui vous préoccupe beaucoup; je ne comprends pas, dis-je, à part la mésalliance, ce que vous pouvez avoir contre mademoiselle Danglars; c'est en vérité une fort belle personne.

— Fort belle, certainement, dit Albert; mais je vous avoue qu'en fait de beauté j'aimerais mieux quelque chose de plus doux, de plus suave, de plus féminin enfin.

— Voilà bien les jeunes gens, dit Château-Renaud, qui, en sa qualité d'homme de trente ans, prenait avec Morcerf des airs paternels ; ils ne sont jamais satisfaits. Comment, mon cher, on vous trouve une fiancée bâtie sur le modèle de la Diane chasseresse, et vous n'êtes pas content !

— Eh bien ! justement, j'aurais mieux aimé quelque chose dans le genre de la Vénus de Milo ou de Capoue. Cette Diane chasseresse, toujours au milieu de ses nymphes, m'épouvante un peu ; j'ai peur qu'elle ne me traite en Actéon.

En effet, un coup d'œil jeté sur la jeune fille pouvait presque expliquer le sentiment que venait d'avouer Morcerf. Mademoiselle Danglars était belle, mais, comme l'avait dit Albert, d'une beauté un peu arrêtée : ses cheveux étaient d'un beau noir, mais dans leurs ondes naturelles on remarquait une certaine rébellion à la main qui voulait leur imposer sa volonté; ses yeux, noirs comme ses cheveux, encadrés sous de magnifiques sourcils qui n'avaient qu'un défaut, celui de se froncer quelquefois, étaient surtout remarquables par une expression de fermeté qu'on était étonné de trouver dans le regard d'une femme; son nez avait les proportions exactes qu'un statuaire eût données à celui de Junon; sa bouche seule était trop grande, mais garnie de belles dents que faisaient ressortir encore des lèvres dont le carmin trop vif tranchait avec la pâleur de son teint; enfin un signe noir placé au coin de la bouche, et plus large que ne le sont d'ordinaire ces sortes de caprices de la nature, achevait de donner à cette physionomie ce caractère décidé qui effrayait quelque peu Morcerf.

D'ailleurs tout le reste de la personne d'Eugénie s'alliait avec cette tête que nous venons d'essayer de décrire. C'était, comme l'avait dit Château-Renaud, la Diane chasseresse, mais avec quelque chose encore de plus ferme et de plus musculeux dans sa beauté.

Quant à l'éducation qu'elle avait reçue, s'il y avait un reproche à lui faire, c'est que, comme certains points de sa physionomie, elle semblait un peu appartenir à un autre sexe. En effet, elle parlait deux ou trois langues, dessinait facilement, faisait des vers et composait de la musique; elle était surtout passionnée pour ce dernier art, qu'elle étudiait avec une de ses amies de pension, jeune personne sans fortune, mais ayant toutes les dispositions possibles pour devenir, à ce que l'on assurait, une excellente cantatrice. Un grand compositeur portait, disait-on, à cette dernière un intérêt presque paternel, et la faisait travailler avec l'espoir qu'elle trouverait un jour une fortune dans sa voix.

Cette possibilité que mademoiselle Louise d'Armilly, c'était le nom de la jeune virtuose, entrât un jour au théâtre, faisait que mademoiselle Danglars, quoiqu'en la recevant chez elle, ne se montrait point en public dans sa compagnie.

Du reste, sans avoir dans la maison du banquier la position indépendante d'une amie, Louise avait une position supérieure à celle des institutrices ordinaires.

Quelques secondes après l'entrée de madame Danglars dans sa loge, la toile avait baissé, et grâce à cette faculté laissée par la longueur des entr'actes de se promener au foyer ou de faire des visites pendant une demi-heure, l'orchestre s'était à peu près dégarni.

Morcerf et Château-Renaud étaient sortis des premiers. Un instant madame Danglars avait pensé que cet empressement d'Albert avait pour but de lui venir présenter ses compliments, et elle s'était penchée à l'oreille de sa fille pour lui annoncer cette visite; mais celle-ci s'était contentée de secouer la tête en souriant; et en même temps, comme pour prouver combien la dénégation d'Eugénie était fondée, Morcerf apparut dans une loge de côté du premier rang. Cette loge était celle de la comtesse G***.

— Ah! vous voilà, monsieur le voyageur, dit celle-ci en lui tendant la main avec toute la cordialité d'une vieille connaissance; c'est bien aimable à vous de m'avoir reconnue, et surtout de m'avoir donné la préférence pour votre première visite.

— Croyez, Madame, répondit Albert, que si j'eusse su votre arrivée à Paris et connu votre adresse, je n'eusse point attendu si tard. Mais veuillez me permettre de vous présenter M. le baron de Château-Renaud, mon ami, un des rares gentilshommes qui restent encore en France, et par lequel je viens d'apprendre que vous étiez aux courses du Champ-de-Mars.

Château-Renaud salua.

— Ah! vous étiez aux courses, Monsieur? dit vivement la comtesse.

— Oui, Madame.

— Eh bien! reprit vivement madame G***, pouvez-vous me dire à qui appartenait le cheval qui a gagné le prix du Jockey-Club?

— Non, Madame, dit Château-Renaud, et je faisais tout-à-l'heure la même question à Albert.

— Y tenez-vous beaucoup, madame la comtesse? demanda Albert.

— A quoi?

— A connaître le maître du cheval.

— Infiniment. Imaginez-vous... mais sauriez-vous qui, par hasard, vicomte?

— Madame, vous alliez raconter une histoire; imaginez-vous, avez-vous dit.

— Eh bien! imaginez-vous que ce charmant cheval alezan et ce joli petit jockey à casaque rose m'avaient à la première vue inspiré une si vive sympathie, que je faisais des vœux pour l'un et pour l'autre exactement comme si j'avais engagé sur eux la moitié de ma fortune; aussi, lorsque je les vis arriver au but, devançant les autres coureurs de trois longueurs de chevaux, je fus si joyeuse que je me mis à battre des mains comme une folle. Figurez-vous mon étonnement lorsqu'en rentrant chez moi je rencontrai sur mon escalier le petit jockey rose! Je crus que le vainqueur de la course demeurait par hasard dans la même maison que moi, lorsque, en ouvrant la porte de mon salon, la première chose que je vis fut la coupe d'or qui formait le prix gagné par le cheval et le jockey inconnus. Dans la coupe il y avait un petit papier sur lequel étaient écrits ces mots: « A la comtesse G***, lord Ruthwen. »

— C'est justement cela, dit Morcerf.

— Comment! c'est justement cela; que voulez-vous dire?

— Je veux dire que c'est lord Ruthwen en personne.

— Quel lord Ruthwen?

— Le nôtre, le vampire, celui du théâtre Argentina.

— Vraiment! s'écria la comtesse, il est donc ici?

— Parfaitement.

— Et vous le voyez? vous le recevez? vous allez chez lui?

— C'est mon ami intime, et M. de Château-Renaud lui-même a l'honneur de le connaître.

— Qui peut vous faire croire que c'est lui qui a gagné?

— Son cheval inscrit sous le nom de *Vampa*.

— Eh bien, après?

— Eh bien, vous ne vous rappelez pas le nom du fameux bandit qui m'avait fait prisonnier?

— Ah! c'est vrai.

— Et des mains duquel le comte m'a miraculeusement tiré?

— Si fait.

— Il s'appelait *Vampa*. Vous voyez bien que c'est lui.

— Mais pourquoi m'a-t-il envoyé cette coupe à moi?

— D'abord, madame la Comtesse, parce que je lui avais fort parlé de vous, comme vous pouvez le croire; ensuite parce qu'il aura été enchanté de retrouver une compatriote, et heureux de l'intérêt que cette compatriote prenait à lui.

— J'espère bien que vous ne lui avec jamais raconté les folies que nous avons dites à son sujet?

— Ma foi, je n'en jurerais pas, et cette façon de vous offrir cette coupe sous le nom de lord Ruthwen...

— Mais c'est affreux, il va m'en vouloir mortellement!

— Son procédé est-il celui d'un ennemi?

— Non, je l'avoue.

— Eh bien!

— Ainsi il est à Paris?

— Oui.

— Et quelle sensation a-t-il faite?

— Mais, dit Albert, on en a parlé huit jours, puis est arrivé le couronnement de la reine d'Angleterre et le vol des diamants de mademoiselle Mars, et l'on n'a plus parlé que de cela.

— Mon cher, dit Château-Renaud, on

voit bien que le comte est votre ami, vous le traitez en conséquence. Ne croyez pas ce que vous dit Albert, madame la Comtesse, il n'est au contraire question que du comte de Monte-Christo à Paris. Il a d'abord débuté par envoyer à madame Danglars des chevaux de trente mille francs, puis il a sauvé la vie à madame de Villefort; puis il a gagné la course du Jockey-Club, à ce qu'il paraît. Je maintiens au contraire, moi, quoi qu'en dise Morcerf, qu'on s'occupe encore du comte en ce moment, et qu'on ne s'occupera même plus que de lui dans un mois, s'il veut continuer de faire de l'excentricité, ce qui, au reste, paraît être sa manière de vivre ordinaire.

— C'est possible, dit Morcerf; en attendant, qui donc a repris la loge de l'ambassadeur de Russie?

— Laquelle? demanda la comtesse.

— L'entre-colonnes du premier rang; elle me semble parfaitement remise à neuf.

— En effet, dit Château-Renaud; est-ce qu'il y avait quelqu'un pendant le premier acte?

— Où?

— Dans cette loge?

— Non, reprit la comtesse, je n'ai vu personne; ainsi, continua-t-elle, revenant à la première conversation, vous croyez que c'est votre comte de Monte-Christo qui a gagné le prix?

— J'en suis sûr.

— Et qui m'a envoyé cette coupe?

— Sans aucun doute.

— Mais je ne le connais pas, moi, dit la comtesse, et j'ai fort envie de la lui renvoyer.

— Oh! n'en faites rien; il vous en enverrait une autre, taillée dans quelque saphir ou creusée dans quelque rubis. Ce sont ses manières d'agir; que voulez-vous, il faut le prendre comme il est.

En ce moment on entendit la sonnette qui annonçait que le deuxième coup allait commencer, Albert se leva pour regagner sa place.

— Vous reverrai-je? demanda la comtesse.

— Dans les entr'actes, si vous le permettez. Je viendrai m'informer si je puis vous être bon à quelque chose à Paris.

— Messieurs, dit la comtese, tous les samedis soir, rue de Rivoli, 22, je suis chez moi pour mes amis. Vous voilà prévenus.

Les jeunes gens saluèrent et sortirent.

En rentrant dans la salle, ils virent le parterre debout et les yeux fixés sur un seul point de la salle; leurs regards suivirent la direction générale, et s'arrêtèrent sur l'ancienne loge de l'ambassadeur de Russie. Un homme habillé de noir, de trente-cinq à quarante ans, venait d'y entrer avec une femme vêtue d'un costume oriental. La femme était de la plus grande beauté, et le costume d'une telle richesse, que, comme nous l'avons dit, tous les yeux s'étaient à l'instant même tournés vers elle.

— Et! dit Albert, c'est Monte-Christo et sa Grecque.

En effet, c'était le comte et Haydée.

Au bout d'un instant, la jeune femme était l'objet de l'attention non-seulement du parterre, mais de toute la salle; les femmes se penchaient hors des loges pour voir ruisseler sous les feux du lustre cette cascade de diamans.

Le second acte se passa au milieu de cette rumeur sourde qui indique dans les masses assemblées un grand évènement. Personne ne songea à crier silence. Cette femme si jeune, si belle, si éblouissante, était le plus curieux spectacle qu'on pût voir.

Cette fois un signe de madame Danglars indiqua clairement à Albert que la baronne désirait avoir sa visite dans l'entr'acte suivant.

Morcerf était de trop bon goût pour se faire attendre quand on lui indiquait clairement qu'il était attendu. L'acte fini, il se hâta donc de monter dans l'avant-scène.

Il salua les deux dames, et tendit la main à Debray.

La baronne l'accueillit avec un charmant sourire, et Eugénie avec sa froideur habituelle.

— Ma foi, mon cher, dit Debray, vous voyez un homme à bout, et qui vous appelle à son aide pour le relayer. Voici Madame qui m'écrase de questions sur le comte, et qui veut que je sache d'où il est, d'où il vient, où il va; ma foi! je ne suis pas Cagliostro, moi, et, pour me tirer d'affaire, j'ai dit : Demandez tout cela à Morcerf, il connaît son Monte-Christo sur le bout du doigt, alors on vous a fait signe.

— N'est-il pas incroyable, dit la baronne, que lorsqu'on a un demi-million de fonds secrets à sa disposition, on ne soit pas mieux instruit que cela?

— Madame, dit Lucien, je vous prie de croire que si j'avais un demi-million à ma disposition, je l'emploierais à autre chose qu'à prendre des informations sur M. Monte-Christo, qui n'a d'autre mérite à mes yeux que d'être deux fois riche comme un nabab; mais j'ai passé la parole à mon ami Morcerf, arrangez-vous avec lui, cela ne me regarde plus.

— Un nabab ne m'eût certainement pas envoyé une paire de chevaux de trente mille francs, avec quatre diamants aux oreilles, de cinq mille francs chacun.

— Oh! les diamants, dit en riant Morcerf, c'est sa manie. Je crois que, pareil à Potemkin, il en a toujours dans ses poches, et qu'il en sème sur son chemin, comme le petit poucet faisait de ses cailloux.

— Il aura trouvé quelque mine, dit madame Danglars; vous savez qu'il a un crédit illimité sur la maison du baron.

— Non, je ne le savais pas, répondit Albert, mais cela doit être.

— Et qu'il a annoncé à M. Danglars qu'il comptait rester un an à Paris et y dépenser six millions?

— C'est le shah de Perse qui voyage incognito.

— Et cette femme, monsieur Lucien, dit Eugénie, avez-vous remarqué comme elle est belle?

— En vérité, Mademoiselle, je ne connais que vous pour faire si bonne justice aux personnes de votre sexe.

Lucien approcha son lorgnon de son œil.

— Charmante! dit-il.

— Et cette femme, M. de Morcerf sait-il qui elle est?

— Mademoiselle, dit Albert, répondant à cette interpellation presque directe, je le sais à peu près, comme tout ce qui regarde le personnage mystérieux dont nous nous occupons. Cette femme est une Grecque.

— Cela se voit facilement à son costume, et vous ne m'apprenez là que ce que toute la salle sait déjà comme nous.

— Je suis fâché, dit Morcerf, d'être un cicerone si ignorant; mais je dois avouer que là se bornent mes connaissances. Je sais, en outre, qu'elle est musicienne, car un jour que j'ai déjeûné chez le comte, j'ai entendu les sons d'une guzla qui ne pouvaient venir certainement que d'elle.

— Il reçoit donc, votre comte? demanda madame Danglars.

— Et d'une façon splendide, je vous le jure.

— Il faut que je pousse M. Danglars à lui offrir quelque dîner, quelque bal, afin qu'il nous les rende.

— Comment! vous irez chez lui? dit Debray en riant.

— Pourquoi pas! avec mon mari!

— Mais il est garçon, ce mystérieux comte.

— Vous voyez bien que non, dit en riant à son tour la baronne, en montrant la belle Grecque.

— Cette femme est une esclave, à ce qu'il nous a dit lui-même. Vous rappelez-vous, Morcerf, à votre déjeûner?

— Convenez, mon cher Lucien, dit la baronne, qu'elle a bien plutôt l'air de quelque princesse.

— Des *Mille et une Nuits*.

— Des *Mille et une Nuits*, je ne dis pas; mais qu'est-ce qui fait les princesses, mon cher? ce sont les diamants, et celle-ci en est couverte.

— Elle en a même trop, dit Eugénie; elle serait plus belle sans cela; car on verrait son cou et ses poignets qui sont charmants de forme.

— Oh! l'artiste; tenez, dit madame Danglars, la voyez-vous qui se passionne!

— J'aime tout ce qui est beau, dit Eugénie.

— Mais que dites-vous du comte alors? dit Debray; il me semble qu'il n'est pas mal non plus.

— Le comte? dit Eugénie, comme si elle n'eût point encore pensé à le regarder; le comte, il est bien pâle.

— Justement, dit Morcerf, c'est dans cette pâleur qu'est le secret que nous cherchons. La comtesse G*** prétend, vous le savez, que c'est un vampire.

— Elle est donc de retour, la comtesse G***? demanda la baronne.

— Dans cette loge de côté, dit Eugénie, presqu'en face de nous, ma mère; cette femme avec ces admirables cheveux blonds, c'est-elle.

— Ah! oui, dit madame Danglars, vous ne savez pas ce que vous devriez faire, Morcerf?

— Ordonnez, Madame.

— Vous devriez aller faire une visite à

votre comté de Monte-Christo et nous l'amener.

— Pourquoi faire? dit Eugénie.

— Mais pour que nous lui parlions; n'es-tu pas curieuse de le voir?

— Pas le moins du monde.

— Étrange enfant! murmura la baronne.

— Oh! dit Morcerf, il viendra probablement de lui-même. Tenez, il vous a vue, Madame, et il vous salue.

La baronne rendit au comte son salut accompagné d'un charmant sourire.

— Allons, dit Morcerf, je me sacrifie;

je vous quitte et vais voir s'il n'y a pas moyen de lui parler.

— Allez dans sa loge; c'est bien simple.

— Mais je ne suis pas présenté.

— A qui?

— A la belle Grecque.

— C'est une esclave, dites-vous.

— Oui, mais vous prétendez, vous, que c'est une princesse... Non. J'espère que lorsqu'il me verra sortir, il sortira.

— C'est possible. Allez.

— J'y vais.

Morcerf salua et sortit : effectivement, au moment où il passait devant la loge du comte, la porte s'ouvrit; le comte dit quelques mots en arabe à Ali, qui se tenait dans le corridor, et prit le bras de Morcerf.

Ali referma la porte et se tint debout devant elle; il y avait dans le corridor un rassemblement autour du Nubien.

— En vérité, dit Monte-Christo, votre Paris est une étrange ville, et vos Parisiens un singulier peuple. On dirait que c'est la première fois qu'ils voient un Nubien. Regardez-les donc se pressant autour de ce pauvre Ali, qui ne sait pas ce que cela veut dire. Je vous réponds d'une chose, par exemple, c'est qu'un Parisien peut aller à Tunis, à Constantinople, à Bagdad ou au Caire, on ne fera pas cercle autour de lui.

— C'est que vos Orientaux sont des gens sensés et qu'ils ne regardent que ce qui vaut la peine d'être vu; mais, croyez-moi, Ali ne jouit de cette popularité que parce qu'il vous appartient et qu'en ce moment vous êtes l'homme à la mode.

— Vraiment! et qui me vaut cette faveur?

— Pardieu! vous-même. Vous donnez des attelages de mille louis; vous sauvez la vie à des femmes de procureur du roi; vous faites courir sous le nom du major Black des chevaux pur sang, et des jockeys gros comme des ouistitis ; enfin, vous gagnez des coupes d'or, et vous les envoyez aux jolies femmes.

— Et qui diable vous a conté toutes ces folies ?

— Dam ! la première, madame Danglars, qui meurt d'envie de vous voir dans sa loge, ou plutôt qu'on vous y voie ; la seconde, le journal de Beauchamp, et la troisième, ma propre imaginative. Pourquoi appelez-vous votre cheval *Vampa*, si vous voulez garder l'incognito ?

— Ah ! c'est vrai ! dit le comte, c'est une imprudence. Mais, dites-moi donc, le comte de Morcerf ne vient-il point quelquefois à l'Opéra ? Je l'ai cherché des yeux, et je ne l'ai aperçu nulle part.

— Il viendra ce soir.

— Où cela ?

— Dans la loge de la baronne, je crois.

— Cette charmante personne qui est avec elle, c'est sa fille ?

— Oui.

— Je vous en fais mon compliment !

Morcerf sourit.

— Nous reparlerons de cela plus tard et en détail, dit-il. Que dites-vous de la musique ?

— De quelle musique ?

— Mais de celle que vous venez d'entendre.

— Je dis que c'est de fort belle musique pour de la musique composée par un compositeur humain, et chantée par des oiseaux à deux pieds et sans plumes, comme disait feu Diogène.

— Ah! çà mais, mon cher Comte, il semblerait que vous pourriez entendre à votre caprice les sept chœurs du Paradis?

— Mais c'est un peu cela. Quand je veux entendre d'admirable musique, Vicomte, de la musique comme jamais l'oreille mortelle n'en a entendu, je dors.

— Eh bien! mais vous êtes à merveille

ici; dormez, mon cher Comte, dormez, l'Opéra n'a pas été inventé pour autre chose.

— Non, en vérité; votre orchestre fait trop de bruit. Pour que je dorme du sommeil dont je vous parle, il me faut le calme et le silence, et puis une certaine préparation...

— Ah! le fameux hatchis?

— Justement. Vicomte, quand vous voudrez entendre de la musique, venez souper avec moi.

— Mais j'en ai déjà entendu en allant y déjeûner, dit Morcerf.

— A Rome?

— Oui...

— Ah! c'était la guzla d'Haydée. Oui, la pauvre exilée s'amuse quelquefois à me jouer des airs de son pays.

Morcerf n'insista point davantage; de son côté, le comte se tut.

En ce moment la sonnette retentit.

— Vous m'excusez? dit le comte en reprenant le chemin de sa loge.

— Comment donc!

— Emportez bien des choses pour la comtesse G*** de la part de son vampire.

— Et à la baronne?

— Dites-lui que j'aurai l'honneur, si elle le permet, d'aller lui présenter mes hommages dans la soirée.

Le troisième acte commença. Pendant le troisième acte, le comte de Morcerf vint, comme il l'avait promis, rejoindre madame Danglars.

Le comte n'était point un de ces hommes qui font révolution dans une salle ; aussi personne ne s'aperçut-il de son arrivée que ceux dans la loge desquels il venait prendre une place.

Monte-Christo le vit cependant, et un léger sourire effleura ses lèvres.

Quant à Haydée, elle ne voyait rien tant que la toile était levée ; comme toutes les natures primitives, elle adorait tout ce qui parle à l'oreille et à la vue.

Le troisième acte s'écoula comme d'habitude ; mesdemoiselles Noblet, Julia et Leroux exécutèrent leurs entrechats ordinaires ; le prince de Grenade fut défié par Robert-Mario ; enfin ce majestueux roi que vous savez fit le tour de la salle pour montrer son manteau de velours, en tenant sa fille par la main ; puis la toile tomba, et la salle se dégorgea aussitôt dans le foyer et les corridors.

Le comte sortit de sa loge, et un instant après apparut dans celle de la baronne Danglars.

La baronne ne put s'empêcher de jeter

un cri de surprise, légèrement mêlé de joie.

— Ah! venez donc, monsieur le Comte, s'écria-t-elle, car, en vérité, j'avais hâte de joindre mes grâces verbales aux remercîments écrits que je vous ai déjà faits.

— Oh! Madame, dit le comte, vous vous rappelez encore cette misère? je l'avais déjà oubliée, moi.

— Oui; mais ce qu'on n'oublie pas, monsieur le Comte, c'est que vous avez le lendemain sauvé ma bonne amie madame de Villefort du danger que lui faisaient courir ces mêmes chevaux.

— Cette fois encore, Madame, je ne

mérite pas vos remercîments ; c'est Ali, mon Nubien, qui a eu le bonheur de rendre à madame de Villefort cet éminent service.

— Et est-ce aussi Ali, dit le comte de Morcerf, qui a tiré mon fils des mains des bandits romains ?

— Non, monsieur le Comte, dit Monte-Christo en serrant la main que le général lui tendait, non, cette fois je prends les remercîments pour mon compte, mais vous me les avez déjà faits, je les ai déjà reçus, et, en vérité, je suis honteux de vous retrouver encore si reconnaissant. Faites-moi donc l'honneur, je vous prie, madame la Baronne, de me présenter à mademoiselle votre fille.

— Oh ! vous êtes tout présenté, de nom

du moins, car il y a deux ou trois jours que nous ne parlons que de vous. Eugénie, continua la baronne en se retournant vers sa fille, M. le comte de Monte-Christo !

Le comte s'inclina ; mademoiselle Danglars fit un léger mouvement de tête.

— Vous êtes là avec une admirable personne, monsieur le Comte, dit Eugénie ; est-ce votre fille ?

— Non, Mademoiselle, dit Monte-Christo étonné de cette extrême ingénuité ou de cet étonnant aplomb ; c'est une pauvre Grecque dont je suis le tuteur.

— Et qui se nomme ?...

— Haydée, répondit Monte-Christo.

— Une Grecque! murmura le comte de Morcerf.

— Oui, Comte, dit madame Danglars; et dites-moi si vous avez jamais vu à la cour d'Ali-Tebelin, que vous avez si glorieusement servi, un aussi admirable costume que celui que nous avons là devant les yeux.

— Ah! dit Monte-Christo, vous avez servi à Janina, monsieur le Comte?

— J'ai été général-instructeur des troupes du pacha, répondit Morcerf, et mon peu de fortune, je ne le cache pas, vient des libéralités de l'illustre chef albanais.

— Regardez donc! insista madame Danglars.

— Où cela? balbutia Morcerf.

— Tenez! dit Monte-Christo.

Et, enveloppant le comte de son bras, il se pencha avec lui hors de la loge.

En ce moment, Haydée, qui cherchait le comte des yeux, aperçut sa tête pâle près de celle de Morcerf qu'il tenait embrassé.

Cette vue produisit sur la jeune fille l'effet de la tête de Méduse; elle fit un mouvement en avant comme pour les dévorer tous deux du regard, puis, presqu'aussitôt elle se rejeta en arrière en poussant un faible cri, qui fut cependant entendu des personnes qui étaient les plus proches d'elle et d'Ali qui aussitôt ouvrit la porte.

— Tiens, dit Eugénie, que vient-il donc d'arriver à votre pupille, monsieur le Comte? On dirait qu'elle se trouve mal.

— En effet, dit le comte, mais ne vous effrayez point, Mademoiselle; Haydée est très-nerveuse et par conséquent très-sensible aux odeurs: un parfum qui lui est antipathique suffit à la faire évanouir; mais, ajouta le comte en tirant un flacon de sa poche, j'ai là le remède.

Et, après avoir salué la baronne et sa fille d'un seul et même salut, il échangea une dernière poignée de main avec le comte et avec Debray, et sortit de la loge de madame Danglars.

Quand il rentra dans la sienne, Haydée

était encore fort pâle; à peine parut-il qu'elle lui saisit la main.

Monte-Christo s'aperçut que les mains de la jeune fille étaient humides et glacées à la fois.

— Avec qui donc causais-tu là, Seigneur? demanda la jeune fille.

— Mais, répondit Monte-Christo, avec le comte de Morcerf, qui a été au service de ton illustre père, et qui avoue lui devoir sa fortune.

— Ah! le misérable! s'écria Haydée, c'est lui qui l'a vendu aux Turcs; et cette fortune, c'est le prix de sa trahison. Ne savais-tu donc pas cela, mon cher seigneur?

— J'avais bien déjà entendu dire quelques mots de cette histoire en Épire, dit Monte-Christo, mais j'en ignore les détails. Viens, ma fille, tu me les donneras, ce doit être curieux.

— Oh! oui, viens, viens; il me semble que je mourrais si je restais plus longtemps en face de cet homme.

Et Haydée, se levant vivement, s'enveloppa de son burnous de cachemire blanc brodé de perles et de corail, et sortit vivement au moment où la toile se levait.

— Voyez si cet homme fait rien comme un autre! dit la comtesse G*** à Albert, qui était retourné près d'elle; il écoute religieusement le troisième acte de *Robert*, et il s'en va au moment où le quatrième va commencer.

CHAPITRE III.

LA HAUSSE ET LA BAISSE.

Quelques jours après cette rencontre, Albert de Morcerf vint faire visite au comte de Monte-Christo dans sa maison des Champs-Élysées, qui avait déjà pris cette allure de palais que le comte, grâce à son immense fortune, donnait à ses habitations même les plus passagères. Il venait lui renouveler les remercîments de madame Danglars, que lui avait déjà apportés une lettre signée baronne Danglars, née Herminie de Servieux.

Albert était accompagné de Lucien Debray, lequel joignit aux paroles de son ami quelques compliments qui n'étaient pas officiels sans doute, mais dont, grâce à la finesse de son coup d'œil, le comte ne pouvait suspecter la source.

Il lui sembla même que Lucien venait le voir, mû par un double sentiment de curiosité, et que la moitié de ce sentiment émanait de la rue de la Chausséed'Antin. En effet, il pouvait supposer, sans crainte de se tromper, que madame Danglars, ne pouvant connaître par ses propres yeux l'intérieur d'un homme qui donnait des chevaux de trente mille francs, et qui allait à l'Opéra avec une esclave grecque portant pour un million de diamants, avait chargé des yeux par lesquels elle avait l'habitude de voir, de lui donner quelques renseignements sur cet intérieur.

Mais le comte ne parut pas soupçonner la moindre corrélation entre la visite de Lucien et la curiosité de la baronne.

— Vous êtes en rapports presque continuels avec le baron Danglars? demanda-t-il à Albert de Morcerf.

— Mais oui, monsieur le Comte; vous savez ce que je vous ai dit?

— Cela tient donc toujours?

— Plus que jamais, dit Lucien, c'est une affaire arrangée.

Et Lucien, jugeant sans doute que ce mot mêlé à la conversation lui donnait le droit d'y demeurer étranger, plaça son lorgnon d'écaille dans son œil, et, mordant la pomme d'or de sa badine, se mit à faire le tour de la chambre en examinant les armes et les tableaux.

— Ah! dit Monte-Christo. Mais, à vous entendre, je n'avais pas cru à une si prompte solution.

— Que voulez-vous? les choses marchent sans qu'on s'en doute; pendant que vous ne songez pas à elle, elles songent à vous, et quand vous vous retournez vous êtes étonné du chemin qu'elles ont fait. Mon père et M. Danglars ont servi ensemble en Espagne, mon père dans l'armée, M. Danglars dans les vivres. C'est là que mon père, ruiné par la Révolution, et M. Danglars qui n'avait, lui, jamais eu de patrimoine, ont jeté les fondements, mon père, de sa fortune politique et militaire qui est belle; M. Danglars de sa fortune politique et financière qui est admirable.

— Oui, en effet, dit Monte-Christo, je crois que pendant la visite que je lui ai faite, M. Danglars m'a parlé de cela ; et, continua-t-il en jetant un coup d'œil de côté sur Lucien qui feuilletait un album, et est-elle jolie, mademoiselle Eugénie ? car je crois me rappeler que c'est Eugénie qu'elle s'appelle.

— Fort jolie, ou plutôt fort belle, répondit Albert, mais d'une beauté que je n'apprécie pas; je suis un indigne.

— Vous en parlez déjà comme si vous étiez son mari?

— Oh! fit Albert, en regardant autour de lui pour voir à son tour ce que faisait Lucien.

— Savez-vous, dit Monte-Christo en baissant la voix, que vous ne me paraissez pas enthousiaste de ce mariage!

— Mademoiselle Danglars est trop riche pour moi, dit Morcerf, cela m'épouvante.

— Bah! dit Monte-Christo, voilà une

belle raison : n'êtes-vous pas riche vous-même?

— Mon père a quelque chose... comme une cinquantaine de mille livres de rentes, et m'en donnera peut-être dix ou douze en me mariant.

— Le fait est que c'est modeste, dit le comte, à Paris surtout; mais tout n'est pas dans la fortune en ce monde, et c'est bien quelque chose aussi qu'un beau nom et une haute position sociale. Votre nom est célèbre, votre position magnifique, et puis le comte de Morcerf est un soldat, et l'on aime à voir s'allier cette intégrité de Bayard à la pauvreté de Duguesclin; le désintéressement est le plus beau rayon de soleil auquel puisse reluire une noble épée. Moi, tout au contraire, je trouve cette union on ne peut plus sortable : mademoiselle Danglars vous enrichira et vous l'ennoblirez !

Albert secoua la tête et demeura pensif.

— Il y a encore autre chose, dit-il.

— J'avoue, reprit Monte-Christo, que j'ai peine à comprendre cette répugnance pour une jeune fille riche et belle.

— Oh! mon Dieu! dit Morcerf, cette répugnance, si répugnance il y a, ne vient pas toute de mon côté.

— Mais de quel côté donc ? car vous m'avez dit que votre père désirait ce mariage.

— Du côté de ma mère, et ma mère est un œil prudent et sûr. Et bien ! elle ne sourit pas à cette union, elle à je ne sais quelle prévention contre les Danglars.

— Oh ! dit le comte avec un ton un peu forcé, cela se conçoit ; madame la comtesse de Morcerf, qui est la distinction, l'aristocratie, la finesse en personne, hésite un peu à toucher une main roturière, épaisse et brutale, c'est naturel.

— Je ne sais si c'est cela, en effet, dit Albert ; mais ce que je sais, c'est qu'il me semble que ce mariage, s'il se fait, la rendra malheureuse. Déjà l'on devait s'assembler pour parler d'affaires il y a six semaines ; mais j'ai été tellement pris de migraines...

— Réelles? dit le comte en souriant.

— Oh! bien réelles, la peur sans doute... que l'on a remis le rendez-vous à deux mois. Rien ne presse, vous comprenez; je n'ai pas encore vingt et un ans, et Eugénie n'en a que dix-sept; mais les deux mois expirent la semaine prochaine. Il faudra s'exécuter. Vous ne pouvez vous imaginer, mon cher Comte, combien je suis embarrassé... Ah! que vous êtes heureux d'être libre!

— Et bien! mais soyez libre aussi; qui vous en empêche, je vous le demande un peu?

— Oh! ce serait une trop grande déception pour mon père, si je n'épouse pas mademoiselle Danglars.

— Épousez-la alors, dit le comte avec un singulier mouvement d'épaules.

— Oui, dit Morcerf; mais pour ma mère, ce ne sera pas de la déception, ce sera de la douleur.

— Alors ne l'épousez pas, fit le comte.

— Je verrai, j'essaierai; vous me donnerez conseil, n'est-ce pas? et, s'il vous est possible, vous me tirerez de cet embarras. Oh! pour ne pas faire de peine à mon excellente mère, je me brouillerais avec le comte, je crois.

Monte-Christo se détourna; il semblait ému.

— Eh! dit-il à Debray assis dans un fauteuil profond à l'extrémité du salon et qui tenait de la main droite un crayon et de la gauche un carnet, que faites-vous donc? un croquis d'après Le Poussin ?

— Moi, dit-il tranquillement, oh! bien oui! un croquis, j'aime trop la peinture pour cela! Non pas, je fais tout l'opposé de la peinture, je fais des chiffres.

— Des chiffres?

— Oui, je calcule, cela vous regarde indirectement, vicomte; je calcule ce que la maison Danglars a dû gagner sur la dernière hausse d'Haïti : de deux cent six le fonds est monté à quatre cent neuf en trois jours, et le prudent banquier avait acheté beaucoup à deux cent six. Il a dû gagner trois cent mille livres.

— Ce n'est pas son meilleur coup, dit Morcerf; n'a-t-il pas gagné un million cette année avec les bons d'Espagne?

— Écoutez, mon cher, dit Lucien, voici M. le comte de Monte-Christo qui vous dira comme les Italiens :

Danaro e santita
Metà della metà (1).

Et c'est encore beaucoup. Aussi, quand on me fait de pareilles histoires, je hausse les épaules.

— Mais vous parliez d'Haïti? dit Monte-Christo.

---

(1) Argent et sainteté
Moitié de la moitié.

— Oh! Haïti, c'est autre chose; Haïti, c'est l'écarté de l'agiotage français. On peut aimer la bouillotte, chérir le whist, raffoler du boston, et se lasser cependant de tout cela; mais on en revient toujours à l'écarté, c'est un hors-d'œuvre. Ainsi M. Danglars a vendu hier à quatre cent six et empoche trois cent mille francs; s'il eût attendu à aujourd'hui, le fonds retombait à deux cent cinq, et au lieu de gagner trois cent mille francs, il en perdait vingt ou vingt-cinq mille.

— Et pourquoi le fonds est-il retombé de quatre cent neuf à deux cent six? demanda Monte-Christo. Je vous demande pardon, je suis fort ignorant de toutes ces intrigues de Bourse.

— Parce que, répondit en riant Albert; les nouvelles se suivent et ne se ressemblent pas.

— Ah! diable! fit le comte, M. Danglars joue à gagner ou à perdre trois cent mille francs en un jour! Ah çà, mais il est donc énormément riche?

— Ce n'est pas lui qui joue! s'écria vivement Lucien, c'est madame Danglars; elle est véritablement intrépide.

— Mais vous qui êtes raisonnable, Lucien, et qui connaissez le peu de stabilité des nouvelles, puisque vous êtes à la source, vous devriez l'empêcher, dit Morcerf avec un sourire.

— Comment le pourrais-je, si son mari ne réussit pas? demanda Lucien. Vous connaissez le caractère de la baronne;

personne n'a d'influence sur elle, et elle ne fait absolument que ce qu'elle veut.

— Oh! si j'étais à votre place, dit Albert.

— Eh bien?

— Je la guérirais, moi; ce serait un service à rendre à son futur gendre.

— Comment cela?

— Ah! pardieu, c'est bien facile. Je lui donnerais une leçon.

— Une leçon!

— Oui. Votre position de secrétaire du ministre vous donne une grande autorité pour les nouvelles; vous n'ouvrez pas la bouche que les agents de change ne sténographient au plus vite vos paroles ; faites-lui perdre une centaine de mille francs coup sur coup, et cela la rendra prudente.

— Je ne comprends pas, balbutia Lucien.

— C'est cependant limpide, répondit le jeune homme avec une naïveté qui n'avait rien d'affecté ; annoncez-lui un beau matin quelque chose d'inouï, une nouvelle télégraphique que vous seul puissiez savoir ; que Henri IV, par exemple, a été vu hier chez Gabrielle ; cela fera monter les fonds, elle établira son coup de bourse là-dessus, et elle perdra certainement lorsque Beauchamp écrira le lendemain dans son journal :

« C'est à tort que des gens bien informés prétendent que le roi Henri IV a été vu avant-hier chez Gabrielle, ce fait est complétement inexact; le roi Henri IV n'a pas quitté le Pont-Neuf. »

Lucien se mit à rire du bout des lèvres. Monte-Christo, quoique indifférent en apparence, n'avait pas perdu un mot de cet entretien, et son œil perçant avait même cru lire un secret dans l'embarras du secrétaire intime.

Il résulta de cet embarras de Lucien, qui avait complétement échappé à Albert, que Lucien abrégea sa visite; il se sentait évidemment mal à l'aise. Le comte lui dit en le reconduisant quelques mots à voix basse auxquels il répondit :

— Bien volontiers, monsieur le Comte; j'accepte.

Le comte revint au jeune de Morcerf.

— Ne pensez-vous pas, en y réfléchissant, lui dit-il, que vous avez eu tort de parler comme vous l'avez fait de votre belle-mère devant M. Debray?

— Tenez, Comte, dit Morcerf, je vous en prie, ne dites pas d'avance ce mot-là.

— Vraiment, et sans exagération, la comtesse est à ce point contraire à ce mariage?

— A ce point que la baronne vient rarement à la maison, et que ma mère, je crois, n'a pas été deux fois dans sa vie chez madame Danglars.

— Alors, dit le comte, me voilà enhardi à vous parler à cœur ouvert : monsieur Danglars est mon banquier, monsieur de Villefort m'a comblé de politesses en remerciments du service qu'un heureux hasard m'a mis à même de lui rendre. Je devine sous tout cela une avalanche de dîners et de raouts. Or, pour ne pas paraître brocher fastueusement sur le tout, et même pour avoir le mérite de prendre les devants, si vous voulez, j'ai projeté de réunir à ma maison de campagne d'Auteuil M. et madame Danglars, M. et madame de Villefort. Si je vous invite à ce dîner, ainsi que M. le comte et madame la comtesse de Morcerf, cela n'aura-t-il pas l'air d'une espèce de rendez-vous matrimonial, ou du moins madame la comtesse de Morcerf n'envisagera-t-elle point la chose ainsi, surtout si M. le baron Danglars me fait l'honneur d'amener sa fille? Alors votre mère me prendra en horreur, et je ne veux aucunement de cela, moi, je tiens, au contraire, et dites-le-lui toutes les fois que l'occasion s'en présentera, à rester au mieux dans son esprit.

— Ma foi, Comte, dit Morcerf, je vous remercie d'y mettre avec moi cette franchise, et j'accepte l'exclusion que vous me proposez. Vous dites que vous tenez à rester au mieux dans l'esprit de ma mère, où vous êtes déjà à merveille.

— Vous croyez? fit Monte-Christo avec intérêt.

— Oh! j'en suis sûr: Quand vous nous avez quittés l'autre jour, nous avons causé une heure de vous; mais j'en reviens à ce que nous disions. Eh bien! si ma mère pouvait savoir cette attention de votre part, et je me hasarderai à la lui dire, je suis sûr qu'elle vous en serait on ne peut plus reconnaissante; il est vrai que, de son côté, mon père serait furieux.

Le comte se mit à rire.

— Eh bien! dit-il à Morcerf, vous voilà prévenu. Mais, j'y pense, il n'y aura pas que votre père qui sera furieux; M. et madame Danglars vont me considérer comme un homme de fort mauvaise façon. Ils savent que je vous vois avec une certaine intimité, que vous êtes même ma plus ancienne connaissance parisienne, et ils ne vous trouveront pas chez moi ; ils me demanderont pourquoi je ne vous ai pas invité. Songez au moins à vous munir d'un engagement antérieur qui ait quelque apparence de probabilité, et dont vous me ferez part au moyen d'un petit mot. Vous le savez, avec les banquiers, les écrits seuls sont valables.

— Je ferai mieux que cela, monsieur le Comte, dit Albert ; ma mère veut aller respirer l'air de la mer. A quel jour est fixé votre dîner ?

— A samedi.

— Nous sommes à mardi, bien ; demain soir nous partons, après-demain matin nous serons au Tréport. Savez-vous, monsieur le Comte, que vous êtes un homme charmant de mettre ainsi les gens à leur aise?

— Moi! en vérité vous me tenez pour plus que je ne vaux; je désire vous être agréable, voilà tout.

— Quel jour avez-vous fait vos invitations?

— Aujourd'hui même.

— Bien! je cours chez M. Danglars, je lui annonce que nous quittons Paris demain, ma mère et moi. Je ne vous ai pas vu, par conséquent je ne sais rien de votre dîner.

— Fou que vous êtes! et M. Debray qui vient de vous voir chez moi, lui!

— Ah ! c'est juste.

— Au contraire, je vous ai vu et invité ici sans cérémonie, et vous m'avez tout naïvement répondu que vous ne pouviez pas être mon convive, parce que vous partiez pour Tréport.

— Eh bien ! voilà qui est conclu ; mais vous, viendrez-vous voir ma mère avant demain ?

— Avant demain, c'est difficile ; puis je tomberais au milieu de vos préparatifs de départ.

— Eh bien ! faites mieux que cela ; vous n'étiez qu'un homme charmant, vous serez un homme adorable.

140 LE COMTE DE MONTE-CHRISTO.

— Que faut-il que je fasse pour arriver à cette sublimité ?

— Ce qu'il faut que vous fassiez ?

— Je le demande.

— Vous êtes aujourd'hui libre comme l'air, venez dîner avec moi ; nous serons en petit comité : vous, ma mère et moi seulement. Vous avez à peine aperçu ma mère ; mais vous la verrez de près. C'est une femme fort remarquable, et je ne regrette qu'une chose, c'est que sa pareille n'existe pas avec vingt ans de moins ; il y aurait bientôt, je vous le jure, une comtesse et une vicomtesse de Morcerf. Quant à mon père, vous ne le trouverez pas, il est de commission et dîne chez M. le Grand-Référendaire. Venez, nous causerons voyage; vous qui avez vu le monde tout entier, vous nous raconterez vos aventures; vous nous direz l'histoire de cette belle Grecque qui était l'autre soir avec vous à l'Opéra, que vous appelez votre esclave et que vous traitez comme une princesse. Nous parlerons italien, espagnol; voyons, acceptez, ma mère vous remerciera.

— Mille grâces, dit le comte, l'invitation est des plus gracieuses, et je regrette vivement de ne pouvoir l'accepter. Je ne suis pas libre comme vous le pensiez, et j'ai, au contraire, un rendez-vous des plus importants.

— Ah! prenez garde, vous m'avez appris tout-à-l'heure comment, en fait de dîner, on se décharge d'une chose désagréable. Il me faut une preuve. Je ne suis heureusement pas banquier comme monsieur Danglars, mais je suis, je vous en préviens, aussi incrédule que lui.

— Aussi vais-je vous la donner, dit le comte.

Et il sonna.

— Hum! fit Morcerf, voilà déjà deux fois que vous refusez de dîner avec ma mère. C'est un parti pris, Comte.

Monte-Christo tressaillit.

— Oh! vous ne le croyez pas, dit-il; d'ailleurs voici ma preuve qui vient.

Baptistin entra et se tint sur la porte debout et attendant.

— Je n'étais pas prévenu de votre visite, n'est-ce pas ?

— Dame ! vous êtes un homme si extraordinaire que je n'en répondrais pas.

— Je ne pouvais point deviner que vous m'inviteriez à dîner, au moins.

— Oh ! quant à cela, c'est probable...

— Et bien ! écoutez : Baptistin, que vous ai-je dit ce matin quand je vous ai appelé dans mon cabinet de travail ?

— De faire fermer la porte de M. le comte une fois cinq heures sonnées, répondit le valet.

— Ensuite.

— Oh! monsieur le Comte, dit Albert.

— Non, non, je veux absolument me débarrasser de cette réputation mystérieuse que vous m'avez faite, mon cher Comte; il est trop difficile de jouer éternellement le Manfred. Je veux vivre dans une maison de verre. Ensuite... continuez, Baptistin.

— Ensuite, de ne recevoir que M. le major Bartolomeo Cavalcanti et son fils.

— Vous entendez, M. le major Bartolomeo Cavalcanti; un homme de la plus vieille noblesse d'Italie, et don Dante a pris la peine d'être le d'Hozier... vous vous rappelez ou vous ne vous rappelez pas, dans le Xe chant de *l'Enfer;* de plus, son fils, un charmant jeune homme de votre âge, à peu près, Vicomte, portant le même titre que vous, et qui fait son entrée dans le monde parisien avec les millions de son père. Le major m'amène ce soir son fils Andrea, le contino, comme nous disons en Italie. Il me le confie. Je le pousserai, s'il a quelque mérite. Vous m'aiderez, n'est-ce pas?

— Sans doute! C'est donc un ancien ami à vous que ce major Cavalcanti? demanda Albert.

— Pas du tout, c'est un digne seigneur, très-poli, très-modeste, très-discret, comme il y en a une foule en Italie; des descendants très-descendus des vieilles familles. Je l'ai vu plusieurs fois, soit à Florence, soit à Bologne, soit à Lucques, et il m'a prévenu de son arrivée. Les connaissances de voyage sont exigeantes : elles réclament de vous en tout lieu l'amitié qu'on leur a témoignée une fois par hasard; comme si l'homme civilisé qui sait vivre une heure avec n'importe qui, n'avait pas toujours son arrière-pensée! Ce bon major Cavalcanti va revoir Paris qu'il n'a vu qu'en passant, sous l'Empire, en allant se faire geler à Moscow. Je lui donnerai un bon dîner, il me laissera son fils : je lui promettrai de veiller sur lui, je lui laisserai faire toutes les folies qu'il lui conviendra de faire, et nous serons quittes.

— A merveille! dit Albert, et je vois que vous êtes un précieux Mentor. Adieu donc, nous serons de retour dimanche.

A propos, J'ai reçu des nouvelles de Franz.

— Ah! vraiment? dit Monte-Christo; et se plaît-il toujours en Italie?

— Je pense que oui ; cependant il vous y regrette. Il dit que vous étiez le soleil de Rome, et que sans vous il y fais gris. Je ne sais même pas s'il ne va point jusqu'à dire qu'il y pleut.

— Il est donc revenu sur mon compte votre ami Franz?

— Au contraire, il persiste à vous croire fantastique au premier chef; voilà pourquoi il vous regrette.

— Charmant jeune homme, dit Monte-Christo, et pour lequel je me suis senti une vive sympathie le premier soir où je l'ai vu cherchant un souper quelconque, et où il a bien voulu accepter le mien. C'est, je crois, le fils du général d'Épinay?

— Justement.

— Le même qui a été si misérablement assassiné en 1815.

— Par les bonapartistes?

— C'est cela! Ma foi, je l'aime! N'y a-t-il pas pour lui aussi des projets de mariage?

— Oui, il doit épouser mademoiselle de Villefort.

— C'est vrai?

— Comme moi je dois épouser mademoiselle Danglars, reprit Albert en riant.

— Vous riez ?

— Oui.

— Pourquoi riez-vous ?

— Je ris parce qu'il me semble voir de ce côté-là autant de sympathie pour le mariage qu'il y en a d'un autre côté entre mademoiselle Danglars et moi. Mais vraiment, mon cher Comte, nous causons de femmes comme les femmes causent d'hommes ; c'est impardonnable !

Albert se leva.

— Vous vous en allez ?

— La question est bonne! il y a deux heures que je vous assomme, et vous avez la politesse de me demander si je m'en vais! En vérité, Comte, vous êtes l'homme le plus poli de la terre! Et vos domestiques, comme ils sont dressés! M. Baptistin surtout! je n'ai jamais pu en avoir un comme cela. Les miens semblent tous prendre exemple sur ceux du Théâtre-Français, qui, justement parce qu'ils n'ont qu'un mot à dire, viennent toujours le dire sur la rampe. Ainsi, si vous vous défaites de M. Baptistin, je vous demande la préférence.

— C'est dit, Vicomte.

— Ce n'est pas tout, attendez : faites bien mes compliments à votre discret Lucquois, au seigneur Cavalcanti dei

Cavalcanti; et si par hasard il tenait à établir son fils, trouvez-lui une femme bien riche, bien noble, du chef de sa mère du moins, et bien baronne du chef de son père. Je vous y aiderai, moi.

— Oh! oh! répondit Monte-Christo, en vérité, vous en êtes là?

— Oui.

— Ma foi, il ne faut jurer de rien.

— Ah! Comte, s'écria Morcerf, quel service vous me rendriez, et comme je vous aimerais cent fois davantage encore si, grâce à vous, je restais garçon, ne fût-ce que dix ans.

— Tout est possible, répondit gravement Monte-Christo.

Et prenant congé d'Albert, il rentra chez lui et frappa trois fois sur son timbre.

Bertuccio parut.

— Monsieur Bertuccio, dit-il, vous saurez que je reçois samedi dans ma maison d'Auteuil.

Bertuccio eut un léger frisson.

— Bien, Monsieur, dit-il.

— J'ai besoin de vous, continua le comte, pour que tout soit préparé convenablement. Cette maison est fort belle, ou du moins peut être fort belle.

— Il faudrait tout changer pour en arriver là, monsieur le Comte, car les tentures ont vieilli.

— Changez donc tout, à l'exception d'une seule, celle de la chambre à coucher de damas rouge; vous la laisserez même absolument telle qu'elle est.

Bertuccio s'inclina.

— Vous ne toucherez pas au jardin non plus; mais de la cour, par exemple, faites-en tout ce que vous voudrez; il me sera même agréable qu'on ne la puisse pas reconnaître.

— Je ferai tout mon possible pour que M. le Comte soit content; je serais plus rassuré cependant si M. le Comte me voulait dire ses intentions pour le dîner.

— En vérité, mon cher monsieur Bertuccio, dit le comte, depuis que vous êtes à Paris je vous trouve dépaysé, trembleur; mais vous ne me connaissez donc plus?

— Mais enfin, Son Excellence pourrait me dire qui elle reçoit?

— Je n'en sais rien encore, et vous n'avez pas besoin de le savoir non plus. Lucullus dîne chez Lucullus, voilà tout.

Bertuccio s'inclina et sortit.

CHAPITRE IV.

LE MAJOR CAVALCANTI.

Ni le comte ni Baptistin n'avaient menti en annonçant à Morcerf cette visite du major lucquois, qui servait à Monte-Christo de prétexte pour refuser le dîner qui lui était offert.

Sept heures venaient de sonner, et M. Bertuccio, selon l'ordre qu'il en avait reçu, était parti depuis deux heures pour Auteuil, lorsqu'un fiacre s'arrêta à la porte de l'hôtel, et sembla s'enfuir tout honteux aussitôt qu'il eut déposé près de la grille un homme de cinquante-deux ans environ, vêtu d'une de ces redingotes vertes à brandebourgs noirs dont l'espèce est impérissable, à ce qu'il paraît, en Europe. Un large pantalon de drap bleu, une botte encore assez propre, quoique d'un vernis incertain et un peu trop épaisse de semelle, des gants de daim, un chapeau se rapprochant pour la forme d'un chapeau de gendarme, un col noir, bordé d'un liseré blanc, qui, si son propriétaire ne l'eût porté de sa pleine et entière volonté, eût pu passer pour un carcan; tel était le costume pittoresque sous lequel se présenta le personnage qui sonna à la grille, en demandant si ce n'était point au n° 3o de l'avenue des Champs-Élysées que demeurait M. le comte de Monte-Christo, et qui, sur la réponse affirmative du concierge, entra, ferma la porte derrière lui et se dirigea vers le perron.

La tête petite et anguleuse de cet homme, ses cheveux blanchissants, sa moustache épaisse et grise le firent reconnaître par Baptistin, qui avait l'exact signalement du visiteur et qui l'attendait au bas du vestibule. Aussi à peine eut-il prononcé son nom devant le serviteur intelligent, que Monte-Christo était prévenu de son arrivée.

On introduisit l'étranger dans le salon

le plus simple. Le comte l'y attendait et alla au-devant de lui d'un air riant.

— Ah! cher Monsieur, dit-il, soyez le bienvenu. Je vous attendais.

— Vraiment! dit le Lucquois, Votre Excellence m'attendait?

— Oui, j'avais été prévenu de votre arrivée pour aujourd'hui à sept heures.

— De mon arrivée? Ainsi vous étiez prévenu?

— Parfaitement.

— Ah! tant mieux! Je craignais, je l'avoue, que l'on eût oublié cette petite précaution.

— Laquelle ?

— De vous prévenir.

— Oh ! non pas !

— Mais vous êtes sûr de ne pas vous tromper ?

— J'en suis sûr.

— C'est bien moi que Votre Excellence attendait aujourd'hui à sept heures ?

— C'est bien vous. D'ailleurs, vérifions.

— Oh ! si vous m'attendiez, dit le Lucquois, ce n'est pas la peine.

— Si fait ! si fait ! dit Monte-Christo.

Le Lucquois parut légèrement inquiet.

— Voyons, dit Monte-Christo, n'êtes-vous pas M. le marquis Bartolomeo Cavalcanti ?

— Bartolomeo Cavalcanti, répéta le Lucquois joyeux, c'est bien cela.

— Ex-major au service d'Autriche ?

— Était-ce major que j'étais ? demanda timidement le vieux militaire.

— Oui, dit Monte-Christo, c'était major. C'est le nom que l'on donne en France au grade que vous occupiez en Italie.

— Bon, dit le Lucquois, je ne demande pas mieux, moi, vous comprenez...

— D'ailleurs, vous ne venez pas ici de votre propre mouvement, reprit Monte-Christo.

— Oh! bien certainement.

— Vous m'êtes adressé par quelqu'un?

— Oui.

— Par cet excellent abbé Busoni?

— C'est cela, s'écria le major joyeux.

— Et vous avez une lettre?

— La voilà.

— Eh pardieu! vous voyez bien. Donnez donc!

Et Monte-Christo prit la lettre, qu'il ouvrit et qu'il lut.

Le major regardait le comte avec de gros yeux étonnés qui se portaient curieusement sur chaque partie de l'appartement, mais qui revenaient invariablement à son propriétaire.

— C'est bien cela... ce cher abbé, « le major Cavalcanti, un digne patricien de Lucques, descendant des Cavalcanti de Florence, continua Monte-Christo tout en lisant, jouissant d'une fortune d'un demi-million de revenu. »

Monte-Christo leva les yeux de dessus le papier, et salua.

— D'un demi-million, dit-il; peste! mon cher monsieur Cavalcanti.

— Y a-t-il un demi-million? demanda le Lucquois.

— En toutes lettres; et cela doit être, l'abbé Busoni est l'homme qui connaît le mieux toutes les grandes fortunes de l'Europe.

— Va pour un demi-million, dit le Lucquois; mais, ma parole d'honneur! je ne croyais pas que cela montât si haut.

— Parce que vous avez un intendant qui vous vole; que voulez-vous, cher monsieur Cavalcanti, il faut bien passer par là!

— Vous venez de m'éclairer, dit gravement le Lucquois, je mettrai le drôle à la porte.

Monte-Christo continua :

« Et auquel il ne manquait qu'une chose pour être heureux. »

— Oh! mon Dieu, oui! une seule, dit le Lucquois avec un soupir.

« De retrouver un fils adoré. »

— Un fils adoré?

« Enlevé dans sa jeunesse soit par un ennemi de sa noble famille, soit par des Bohémiens. »

— A l'âge de cinq ans, Monsieur! dit

le Lucquois avec un profond soupir et en levant les yeux au ciel.

— Pauvre père! dit Monte-Christo.

Le comte continua :

« Je lui rends l'espoir, je lui rends la vie, monsieur le Comte, en lui annonçant que ce fils, que depuis quinze ans il cherche vainement, vous pouvez le lui faire retrouver. »

Le Lucquois regarda Monte-Christo avec une indéfinissable expression d'inquiétude.

— Je le puis, répondit Monte-Christo.

Le major se redressa.

— Ah! ah! dit-il, la lettre était donc vraie jusqu'au bout?

— En aviez-vous douté, cher monsieur Bartolomeo?

— Non pas, jamais! Comment donc! un homme grave, un homme revêtu d'un caractère religieux comme l'abbé Busoni, ne se serait pas permis une plaisanterie pareille; mais vous n'avez pas tout lu, Excellence!

— Ah! c'est vrai, dit Monte-Christo, il y a un *post-scriptum*.

— Oui, répéta le Lucquois... oui... y... a... un... *post-scriptum.*

« Pour ne point causer au major Cavalcanti l'embarras de déplacer des fonds de chez son banquier, je lui envoie une traite de deux mille francs pour ses frais de voyage et le crédit sur vous de la somme de quarante-huit mille francs que vous restez me redevoir. »

Le major suivait des yeux ce *post-scriptum* avec une visible anxiété.

— Bon! se contenta de dire le comte.

— Il a dit bon, murmura le Lucquois.

— Ainsi... Monsieur, reprit-il.

— Ainsi?... demanda Monte-Christo.

— Ainsi, le *post-scriptum*...

— Eh bien! le *post-scriptum*...

— Est accueilli par vous aussi favorablement que le reste de la lettre ?

— Certainement. Nous sommes en compte l'abbé Busoni et moi ; je ne sais pas si c'est quarante-huit mille livres précisément que je reste lui redevoir ; mais nous n'en sommes pas entre nous à quelques billets de banque. Ah çà, vous attachiez donc une grande importance à ce *post-scriptum*, cher monsieur Cavalcanti ?

— Je vous avouerai, répondit le Lucquois, que, plein de confiance dans la signature de l'abbé Busoni, je ne m'étais pas muni d'autres fonds ; de sorte que si cette ressource m'eût manqué, je me serais trouvé fort embarrassé à Paris.

— Est-ce qu'un homme comme vous

est embarrassé quelque part dit? Monte-Christo; allons donc!

« — Dame! ne connaissant personne, fit le Lucquois.

— Mais on vous connaît, vous.

— Oui, l'on me connaît, de sorte que...

— Achevez, cher monsieur Cavalcanti!

— De sorte que vous me remettrez ces quarante-huit mille livres?

— A votre première réquisition.

Le major roulait de gros yeux ébahis.

— Mais asseyez-vous donc, dit Monte-Christo ; en vérité, je ne sais ce que je fais... je vous tiens debout depuis un quart d'heure.

— Ne faites pas attention.

Le major tira un fauteuil et s'assit.

— Maintenant, dit le comte, voulez-vous prendre quelque chose ? un verre de xérès, de porto, d'alicante ?

— D'alicante, puisque vous le voulez bien ; c'est mon vin de prédilection.

— J'en ai d'excellent. Avec un biscuit, n'est-ce pas ?

— Avec un biscuit, puisque vous m'y forcez.

Monte-Christo sonna; Baptistin parut.

Le comte s'avança vers lui :

— Eh bien?... demanda-t-il tout bas.

— Le jeune homme est là, répondit le valet-de-chambre sur le même ton.

— Bien ; où l'avez-vous fait entrer ?

— Dans le salon bleu, comme l'avait ordonné Son Excellence.

— A merveille. Apportez du vin d'alicante et des biscuits.

Baptistin sortit.

— En vérité, dit le Lucquois, je vous

donne une peine qui me remplit de confusion.

— Allons donc! dit Monte-Christo.

Baptistin rentra avec les verres, le vin et les biscuits.

Le comte emplit un verre et versa dans le second quelques gouttes seulement du rubis liquide que contenait la bouteille toute couverte de toiles d'araignée et de tous les autres signes qui indiquent la vieillesse du vin, bien plus sûrement que ne le font les rides pour l'homme.

Le major ne se trompa point au partage, il prit le verre plein et un biscuit.

Le comte ordonna à Baptistin de poser le plateau à la portée de la main de son hôte, qui commença par goûter l'alicante du bout des lèvres, fit une grimace de satisfaction, et introduisit délicatement le biscuit dans le verre.

— Ainsi, Monsieur, dit Monte-Christo, vous habitiez Lucques, vous étiez riche, vous êtes noble, vous jouissiez de la considération générale, vous aviez tout ce qui peut rendre un homme heureux?

— Tout, Excellence, dit le major en engloutissant son biscuit, tout absolument.

— Et il ne manquait qu'une chose à votre bonheur?

— Qu'une seule, dit le Lucquois.

— C'était de retrouver votre enfant?

— Ah! fit le major en prenant un second biscuit; mais aussi cela me manquait bien.

Le digne Lucquois leva les yeux au ciel et tenta un effort pour soupirer.

— Maintenant, voyons, cher monsieur Cavalcanti, dit Monte-Christo, qu'était-ce que ce fils tant regretté? car on m'avait dit à moi que vous étiez resté célibataire.

— On le croyait, Monsieur, dit le major, et moi-même.....

— Oui, reprit Monte-Christo, et vous-même aviez accrédité ce bruit. Un péché de jeunesse que vous vouliez cacher à tous les yeux.

Le Lucquois se redressa, prit son air le plus calme et le plus digne, en même temps qu'il baissait modestement les yeux, soit pour assurer sa contenance, soit pour aider à son imagination, tout en regardant en dessous le comte, dont le sourire stéréotypé sur les lèvres annonçait toujours la même bienveillante curiosité.

— Oui, Monsieur, dit-il, je voulais cacher cette faute à tous les yeux.

— Pas pour vous, dit Monte-Christo, car un homme est au-dessus de ces choses-là.

— Oh! non pas pour moi certainement, fit le major avec un sourire et en hochant la tête.

— Mais pour sa mère, dit le Comte.

— Pour sa mère! s'écria le Lucquois en prenant un troisième biscuit; pour sa pauvre mère!

— Buvez donc, cher monsieur Cavalcanti, dit Monte-Christo en versant au Lucquois un second verre d'alicante; l'émotion vous étouffe.

— Pour sa pauvre mère! murmura le Lucquois en essayant si la puissance de la volonté ne pourrait pas, en agissant sur la glande lacrymale, mouiller le coin de son œil d'une fausse larme.

— Qui appartenait à l'une des premières familles de l'Italie, je crois?

— Patricienne de Fiesole, monsieur le Comte, patricienne de Fiesole!

— Et se nommant?

— Vous désirez savoir son nom?

— Oh! mon Dieu! dit Monte-Christo, c'est inutile que vous me le disiez, je le connais.

— Monsieur le Comte sait tout, dit le Lucquois en s'inclinant.

— Oliva Corsinari, n'est-ce pas?

— Oliva Corsinari!

— Marquise?

— Marquise!

— Et vous avez fini par l'épouser cependant, malgré les oppositions de famille.

— Mon Dieu! oui, j'ai fini par là.

— Et, reprit Monte-Christo, vous apportez vos papiers bien en règle?

— Quels papiers? demanda le Lucquois.

— Mais votre acte de mariage avec Oliva Corsinari, et l'acte de naissance de l'enfant?

— L'acte de naissance de l'enfant?

— L'acte de naissance d'Andrea Cavalcanti, de votre fils; ne s'appelle-t-il pas Andrea?

— Je crois que oui, dit le Lucquois.

— Comment! vous le croyez!

— Dame! je n'ose pas affirmer, il y a si longtemps qu'il est perdu.

— C'est juste, dit Monte-Christo. Enfin vous avez tous ces papiers?

— Monsieur le comte, c'est avec regret que je vous annonce que, n'étant pas prévenu de me munir de ces pièces, j'ai négligé de les prendre avec moi.

— Ah! diable! fit Monte-Christo.

— Etaient-elles donc tout-à-fait nécessaires?

— Indispensables.

Le Lucquois se gratta le front.

— Ah! *per Baccho,* dit-il indispensables!

— Sans doute; si l'on allait élever ici quelque doute sur la validité de votre mariage, sur la légitimité de votre enfant!

— C'est juste, dit le Lucquois, on pourrait élever des doutes.

— Ce serait fâcheux pour ce jeune homme.

— Ce serait fatal.

— Cela pourait lui faire manquer quelque magnifique mariage.

— *O peccato!*

— En France, vous comprenez, on est sévère; il ne suffit pas, comme en Italie, d'aller trouver un prêtre et de lui dire : Nous nous aimons, unissez-nous. Il y a mariage civil en France, et pour se marier civilement, il faut des pièces qui constatent l'identité.

— Voilà le malheur, ces papiers je ne les ai pas.

— Heureusement que je les ai, moi, dit Monte-Christo.

— Vous?

— Oui.

— Vous les avez?

— Je les ai.

— Ah! par exemple, dit le Lucquois qui, voyant le but de son voyage manqué par l'absence de ses papiers, craignait que cet oubli n'amenât quelque difficulté au sujet des quarante-huit mille livres; ah! par exemple, voilà un bonheur. Oui, reprit-il, voilà un bonheur, car je n'y eusse pas songé, moi.

— Pardieu! je crois bien, on ne songe pas à tout.

— Mais heureusement l'abbé Busoni y a songé pour vous.

— Voyez-vous, ce cher abbé!

— C'est un homme de précaution.

— C'est un homme admirable, dit le Lucquois, et il vous les a envoyés ?

— Les voici.

Le Lucquois joignit les mains en signe d'admiration.

— Vous avez épousé Oliva Corsinari dans l'église de Sainte-Paule de Monte-Cattini ; voici le certificat du prêtre.

— Oui, ma foi ! le voilà, dit le major en le regardant avec étonnement.

— Et voici l'acte de baptême d'Andrea Cavalcanti, délivré par le curé de Saravezza.

— Tout est en règle, dit le major.

— Alors prenez ces papiers, dont je n'ai que faire ; vous les donnerez à votre fils, qui les gardera soigneusement.

— Je le crois bien !... S'il les perdait...

— Eh bien ! s'il les perdait ? demanda Monte-Christo.

— Eh bien ! reprit le Lucquois, on serait obligé d'écrire là bas, et ce serait fort long de s'en procurer d'autres.

— En effet, ce serait difficile, dit Monte-Christo.

— Presque impossible, répondit le Lucquois.

— Je suis bien aise que vous compreniez la valeur de ces papiers.

— C'est-à-dire que je les regarde comme impayables.

— Maintenant, dit Monte-Christo, quant à la mère du jeune homme...

— Quant à la mère du jeune homme... répéta le major avec inquiétude.

— Quant à la marquise Corsinari.

— Mon Dieu! dit le Lucquois, sous les pas duquel les difficultés semblaient naître, est-ce qu'on aurait besoin d'elle?

— Non, Monsieur, reprit Monte-Christo; d'ailleurs, n'a-t-elle point...

— Si fait, si fait, dit le major, elle a...

— Payé son tribut à la nature...

— Hélas! oui, dit vivement le Lucquois.

— J'ai su cela, reprit Monte-Christo; elle est morte il y a dix ans.

— Et je pleure encore sa mort, Monsieur, dit le major, en tirant de sa poche un mouchoir à carreaux, et en s'essuyant alternativement, d'abord l'œil gauche et ensuite l'œil droit.

— Que voulez-vous, dit Monte-Christo, nous sommes tous mortels. Maintenant, vous comprenez, cher monsieur Cavalcanti, vous comprenez qu'il est inutile qu'on sache en France que vous êtes séparé de votre fils depuis quinze ans. Toutes ces histoires de Bohémiens qui enlèvent les enfants n'ont pas de vogue chez nous. Vous l'avez envoyé faire son éducation dans un collège de province, et vous voulez qu'il achève cette éducation dans le monde parisien. Voilà pourquoi vous avez quitté Via-Reggio, que vous habitez depuis la mort de votre femme. Cela suffira.

— Vous croyez?

— Certainement.

— Très-bien, alors.

— Si l'on apprenait quelque chose de cette séparation...

— Ah! oui. Que dirais-je?

— Qu'un précepteur infidèle, vendu aux ennemis de votre famille...

— Aux Corsinari?

— Certainement... avait enlevé cet enfant pour que votre nom s'éteignît.

— C'est juste, puisqu'il est fils unique.

— Eh bien! maintenant que tout est arrêté, que vos souvenirs remis à neuf ne vous trahiront pas, vous avez deviné sans doute que je vous avais ménagé une surprise?

— Agréable? demanda le Lucquois.

— Ah! dit Monte-Christo, je vois bien

qu'on ne trompe pas plus l'œil que le cœur d'un père.

— Hum! fit le major.

— On vous a fait quelque révélation indiscrète, ou plutôt vous avez deviné qu'il était là.

— Qui, là?

— Votre enfant, votre fils, votre Andrea.

— Je l'ai deviné, répondit le Lucquois avec le plus grand flegme du monde; ainsi il est ici?

— Ici même, dit Monte-Christo; en

entrant tout-à-l'heure, le valet de chambre m'a prévenu de son arrivée.

— Ah! fort bien! ah! fort bien! dit le major en resserrant à chaque exclamation les brandebourgs de sa polonaise.

— Mon cher Monsieur, dit Monte-Christo, je comprends toute votre émotion, il faut vous donner le temps de vous remettre; je veux aussi préparer le jeune homme à cette entrevue tant désirée, car je présume qu'il n'est pas moins impatient que vous.

— Je le crois, dit Cavalcanti.

—Eh bien! dans un petit quart d'heure, nous sommes à vous.

— Vous me l'amenez donc? vous poussez donc la bonté jusqu'à me le présenter vous-même ?

— Non, je ne veux point me placer entre un père et son fils, vous serez seuls, monsieur le major ; mais soyez tranquille, au cas même où la voix du sang resterait muette, il n'y aurait pas à vous tromper : il entrera par cette porte. C'est un beau jeune homme blond, un peu trop blond peut-être, de manières toutes prévenantes; vous verrez.

— A propos, dit le major, vous savez que je n'ai emporté avec moi que les deux mille francs que ce bon abbé Busoni m'avait fait passer. Là-dessus j'ai fait le voyage, et....

— Et vous avez besoin d'argent.....
c'est trop juste, cher monsieur Cavalcanti. Tenez, voici pour faire un compte,
huit billets de mille francs.

Les yeux du major brillèrent comme
des escarboucles.

— C'est quarante mille francs que je
vous redois, dit Monte-Christo.

— Votre Excellence veut-elle un reçu?
dit le major en glissant les billets dans la
poche intérieure de sa polonaise.

— A quoi bon? dit le comte.

— Mais pour vous décharger vis-à-vis
de l'abbé Busoni?

— Eh bien! vous me donnerez un reçu général en touchant les quarante derniers mille francs. Entre honnêtes gens, de pareilles précautions sont inutiles.

— Ah! oui, c'est vrai, dit le major, entre honnêtes gens.

— Maintenant, un dernier mot, marquis.

— Dites.

— Vous permettez une petite recommandation, n'est-ce pas?

— Comment donc! Je la demande.

— Il n'y aurait pas de mal que vous quittassiez cette polonaise.

— Vraiment, dit le major, en regardant le vêtement avec une certaine complaisance.

— Oui, cela se porte encore à Via-Reggio, mais à Paris il y a longtemps déjà que ce costume, quelque élégant qu'il soit, a passé de mode.

— C'est fâcheux, dit le Lucquois.

— Oh! si vous y tenez, vous le reprendrez en vous en allant.

— Mais que mettrai-je?

— Ce que vous trouverez dans vos malles.

— Comment, dans mes malles? Je n'ai qu'un porte-manteau.

— Avec vous sans doute. A quoi bon s'embarrasser? D'ailleurs, un vieux soldat aime à marcher en leste équipage.

— Voilà justement pourquoi...

— Mais vous êtes homme de précaution, et vous avez envoyé vos malles en avant. Elles sont arrivées hier à l'hôtel des Princes, rue Richelieu. C'est là que vous avez retenu votre logement.

— Alors dans ces malles?...

— Je présume que vous avez eu la précaution de faire enfermer par votre valet de chambre tout ce qu'il vous faut : habits de ville, habits d'uniforme. Dans les grandes circonstances, vous mettrez l'habit d'uniforme, cela fait bien. N'oubliez pas vos croix. On s'en moque encore en France, mais on en porte toujours.

— Très-bien ! très-bien ! très-bien ! dit le major, qui marchait d'éblouissements en éblouissements.

— Et maintenant, dit Monte-Christo, que votre cœur est affermi contre les sensations trop vives, préparez-vous, cher monsieur Cavalcanti, à revoir votre fils Andrea.

Et faisant un charmant salut au Lucquois ravi en extase, Monte-Christo disparut derrière la tapisserie.

CHAPITRE V.

ANDREA CAVALCANTI.

Le comte de Monte-Christo entra dans le salon voisin, que Baptistin avait désigné sous le nom de salon bleu, et où venait de le précéder un jeune homme de tournure dégagée, assez élégamment vêtu, et qu'un cabriolet de place avait, une demi-heure auparavant, jeté à la porte de l'hôtel.

Baptistin n'avait pas eu de peine à le reconnaître; c'était bien ce grand jeune homme aux courts cheveux blonds, à la barbe rousse, aux yeux noirs, dont le teint vermeil et la peau éblouissante de blancheur lui avaient été signalés par son maître.

Quand le Comte entra dans le salon, le jeune homme était négligemment étendu sur un sofa, fouettant avec distraction sa botte d'un petit jonc à pomme d'or.

En apercevant Monte-Christo, il se leva vivement.

— Monsieur est le comte de Monte-Christo? dit-il.

— Oui, Monsieur, répondit celui-ci, et j'ai l'honneur de parler, je crois, à M. le comte Andrea Cavalcanti?

— Le comte Andrea Cavalcanti, répéta le jeune homme en accompagnant ces mots d'un salut plein de désinvolture.

— Vous devez avoir une lettre qui vous accrédite près de moi? dit Monte-Christo.

— Je ne vous en parlais pas à cause de la signature, qui m'a paru étrange.

— Simbad le Marin, n'est-ce pas?

— Justement. Or comme je n'ai jamais connu d'autre Simbad le Marin que celui des *Mille et une nuits*...

— Et bien ! c'est un de ses descendants, un de mes amis fort riche, un Anglais plus qu'original, presque fou, dont le véritable nom est lord Wilmore.

— Ah ! voilà qui m'explique tout, dit Andréa. Alors cela va à merveille. C'est ce même Anglais que j'ai connu... à... oui, très-bien !.. Monsieur le Comte, je suis votre serviteur.

— Si ce que vous me faites l'honneur de me dire est vrai, répliqua en souriant le Comte, j'espère que vous serez assez bon pour me donner quelques détails sur vous et votre famille.

— Volontiers, monsieur le Comte, répondit le jeune homme avec une volubilité qui prouvait la solidité de sa mémoire. Je suis, comme vous l'avez dit, le comte Andrea Cavalcanti, fils du major Bartolomeo Cavalcanti, descendant des Cavalcanti inscrits au livre d'or de Florence. Notre famille, quoique très-riche encore, puisque mon père possède un demi-million de rente, a éprouvé bien des malheurs, et moi-même, Monsieur, j'ai été à l'âge de cinq ou six ans enlevé par un gouverneur infidèle, de sorte que depuis quinze ans je n'ai point revu l'auteur de mes jours. Depuis que j'ai l'âge de raison, depuis que je suis libre et maître de moi, je le cherche, mais inutilement. Enfin cette lettre de votre ami Simbad m'annonce qu'il est à Paris, et m'autorise à m'adresser à vous pour en obtenir des nouvelles.

— En vérité, Monsieur, tout ce que vous me racontez là est fort intéressant, dit le Comte, qui regardait avec une sombre satisfaction cette mine dégagée empreinte d'une beauté pareille à celle du mauvais ange, et vous avez fort bien fait de vous conformer en toutes choses à l'invitation de mon ami Simbad, car votre père est en effet ici et vous cherche.

Le Comte, depuis son entrée au salon, n'avait pas perdu de vue le jeune homme, il avait admiré l'assurance de son regard et la sûreté de sa voix; mais à ces mots si naturels : *Votre père est en effet ici et vous cherche*, le jeune Andreá fit un bond et s'écria :

— Mon père! mon père ici!

— Sans doute, répondit Monte-Christo,

votre père le major Bartolomeo Cavalcanti.

L'impression de terreur répandue sur les traits du jeune homme s'effaça presqu'aussitôt.

— Ah! oui, c'est vrai, dit-il, le major Bartolomeo Cavalcanti. Et vous dites, monsieur le Comte, qu'il est ici, ce cher père?

— Oui, Monsieur. J'ajouterai même que je le quitte à l'instant; que l'histoire qu'il m'a contée de ce fils chéri perdu autrefois, m'a fort touché; en vérité, ses douleurs, ses craintes, ses espérances à ce sujet composeraient un poème attendrissant. Enfin, il reçut un jour des nouvelles qui lui annonçaient que les ravisseurs de son fils offraient de le rendre, ou d'indiquer où il était, moyennant une somme assez forte. Mais rien ne retint ce bon père, cette somme fut envoyée à la frontière du Piémont, avec un passeport tout visé pour l'Italie. Vous étiez dans le midi de la France, je crois?

— Oui, Monsieur, répondit Andrea d'un air assez embarrassé; oui, j'étais dans le midi de la France.

— Une voiture devait vous attendre à Nice?

— C'est bien cela, Monsieur; elle m'a conduit de Nice à Gênes, de Gênes à Turin, de Turin à Chambéry, de Chambéry à Pont-de-Beauvoisin, et de Pont-de-Beauvoisin à Paris.

— A merveille; il espérait toujours

vous rencontrer en chemin, car c'était la route qu'il suivait lui-même ; voilà pourquoi votre itinéraire avait été tracé ainsi.

— Mais, dit Andrea, s'il m'eût rencontré, ce cher père, je doute qu'il m'eût reconnu ; je suis quelque peu changé depuis que je l'ai perdu de vue.

— Oh ! la voix du sang, dit Monte-Christo.

— Ah ! oui, c'est vrai, reprit le jeune homme, je n'y songeais pas à la voix du sang !

— Maintenant, reprit Monte-Christo, une seule chose inquiète le marquis Cavalcanti, c'est ce que vous avez fait pendant que vous avez été éloigné de lui ;

c'est de quelle façon vous avez été traité par vos persécuteurs; c'est si l'on a conservé pour votre naissance tous les égards qui lui étaient dus ; c'est enfin s'il ne vous est pas resté de cette souffrance morale à laquelle vous avez été exposé, souffrance pire cent fois que la souffrance physique, quelque affaiblissement des facultés dont la nature vous a si largement doué, et si vous croyez vous-même pouvoir reprendre et soutenir dignement dans le monde le rang qui vous appartient.

— Monsieur, balbutia le jeune homme étourdi, j'espère qu'aucun faux rapport...

— Moi! J'ai entendu parler de vous pour la première fois par mon ami Wilmore, le philanthrope. J'ai su qu'il vous avait trouvé dans une position fâcheuse, j'ignore laquelle, et ne lui ai fait aucune question : je ne suis pas curieux. Vos malheurs l'ont intéressé, donc vous étiez intéressant. Il m'a dit qu'il voulait vous rendre dans le monde la position que vous aviez perdue, qu'il chercherait votre père, qu'il le trouverait ; il l'a cherché, il l'a trouvé, à ce qu'il paraît, puisqu'il est là ; enfin il m'a prévenu hier de votre arrivée, en me donnant encore quelques autres instructions relatives à votre fortune; voilà tout. Je sais que c'est un original, mon ami Wilmore, mais en même temps, comme c'est une homme sûr, riche comme une mine d'or, et qui, par conséquent, peut se passer ses originalités sans qu'elles le ruinent, j'ai promis de suivre ses instructions. Maintenant, Monsieur, ne vous blessez pas de ma question ; comme je serai obligé de vous patroner quelque peu, je désirerais savoir si les malheurs qui vous sont arrivés, malheurs indépendants de votre volonté, et qui ne diminuent en aucune façon la considération que je vous porte, ne vous ont pas rendu quelque peu étranger à ce monde dans lequel votre fortune et votre nom vous appelaient à faire si bonne figure.

— Monsieur, répondit le jeune homme reprenant son aplomb au fur et à mesure que le comte parlait, rassurez-vous sur ce point : les ravisseurs qui m'ont éloigné de mon père, et qui, sans doute, avaient pour but de me vendre plus tard à lui comme ils l'ont fait, ont calculé que, pour tirer un bon parti de moi, il fallait me laisser toute ma valeur personnelle, et même l'augmenter encore, s'il était possible ; jai donc reçu une assez bonne éducation, et j'ai été traité par les larrons d'enfants à peu près comme l'étaient dans l'Asie-Mineure les esclaves dont leurs maîtres faisaient des grammairiens, des médecins et des philosophes, pour les vendre plus cher au marché de Rome.

Monte-Christo sourit avec satisfaction: il n'avait pas tant espéré, à ce qu'il paraît, de M. Andrea Cavalcanti.

—D'ailleurs, reprit le jeune homme, s'il y avait en moi quelque défaut d'éducation ou plutôt d'habitude du monde, on aurait, je suppose, l'indulgence de les excuser, en considération des malheurs qui ont accompagné ma naissance et poursuivi ma jeunesse.

— Eh bien ! dit négligemment Monte-Christo, vous en ferez ce que vous voudrez, comte, car vous êtes le maître, et cela vous regarde ; mais, sur ma parole, au contraire, je ne dirais pas un mot de toutes ces aventures ; c'est un roman que votre histoire, et le monde qui adore les romans serrés entre deux couvertures de papier jaune, se défie étrangement de ceux qu'il voit reliés en vélin vivant, fussent-ils dorés comme vous pouvez l'être. Voilà la difficulté que je me permettrai de vous signaler, monsieur le Comte ; à peine aurez-vous raconté à quelqu'un votre touchante histoire, qu'elle courra dans le monde complètement dénaturée. Vous ne serez plus un enfant retrouvé, mais un enfant trouvé. Vous serez obligé de vous poser en Antony, et le temps des Antony est un peu passé. Peut-être aurez-vous un succès de curiosité, mais tout le monde n'aime pas à se faire centre d'observation et cible à commentaires. Cela vous fatiguera peut-être.

— Je crois que vous avez raison, monsieur le Comte, dit le jeune homme pâlissant malgré lui, sous l'inflexible regard de Monte-Christo; c'est là un grave inconvénient.

— Oh! il ne faut pas non plus se l'exagérer, dit Monte-Christo; car, pour éviter une faute, on tomberait alors dans une folie. Non, c'est un simple plan de conduite à arrêter; et, pour un homme intelligent comme vous, ce plan est d'autant plus facile à adopter qu'il est conforme à vos intérêts : il faudra combattre, par des témoignages et par d'honorables amitiés, tout ce que votre passé peut avoir d'obscur.

Andrea perdit visiblement contenance.

— Je m'offrirais bien à vous comme répondant et caution, dit Monte-Christo ; mais c'est chez moi une habitude morale de douter toujours de mes meilleurs amis, et un besoin de chercher à faire douter les autres ; aussi jouerais-je là un rôle hors de mon emploi, comme disent les tragédiens, et je risquerais de me faire siffler, ce qui est inutile.

— Cependant, monsieur le Comte, dit Andrea avec audace, en considération de lord Wilmore qui m'a recommandé à vous...

— Oui, certainement, reprit Monte-Christo; mais lord Wilmore ne m'a pas laissé ignorer, cher monsieur Andrea, que vous aviez eu une jeunesse quelque peu orageuse. Oh! dit le comte en voyant le mouvement que faisait Andrea, je ne vous demande pas de confession; d'ailleurs, c'est pour que vous n'ayez besoin de personne que l'on a fait venir de Lucques M. le marquis Cavalcanti, votre père. Vous allez le voir, il est un peu raide, un peu guindé ; mais c'est une question d'uniforme, et quand on saura que depuis dix-huit ans il est au service de l'Autriche, tout s'excusera; nous ne sommes pas, en général, exigeants pour les Autrichiens. En somme, c'est un père fort suffisant, je vous assure.

— Ah! vous me rassurez, Monsieur; je

l'avais quitté depuis si longtemps, que je n'avais de lui aucun souvenir.

— Et puis, vous savez, une grande fortune fait passer sur bien des choses.

— Mon père est donc réellement riche, Monsieur?

— Millionnaire... cinq cent mille livres de rentes.

— Alors, demanda le jeune homme avec anxiété, je vais me trouver dans une position... agréable?

— Des plus agréables, mon cher Monsieur; il vous fait cinquante mille livres de rentes par an pendant tout le temps que vous resterez à Paris.

— Mais j'y resterai toujours, en ce cas.

— Heu! qui peu répondre des circonstances, mon cher Monsieur? l'homme propose et Dieu dispose.

Andrea poussa un soupir.

— Mais enfin, dit-il, tout le temps que je resterai à Paris, et... qu'aucune circonstance ne me forcera pas de m'éloigner, cet argent dont vous me parliez tout-à-l'heure m'est-il assuré?

— Oh! parfaitement.

— Par mon père? demanda Andrea avec inquiétude.

— Oui, mais garanti par lord Wilmore, qui vous a, sur la demande de votre père, ouvert un crédit de cinq mille francs par mois chez M. Danglars, un des plus surs banquiers de Paris.

— Et mon père compte rester longtemps à Paris? demanda Andrea avec inquiétude.

— Quelques jours seulement, répondit Monte-Christo. Son service ne lui permet pas de s'absenter plus de deux ou trois semaines.

— Oh! ce cher père! dit Andrea, visiblement enchanté de ce prompt départ.

— Aussi, dit Monte-Christo, faisant semblant de se tromper à l'accent de ces paroles; aussi, je ne veux pas retarder d'un instant l'heure de votre réunion.

Êtes-vous préparé à embrasser ce digne M. Cavalcanti?

— Vous n'en doutez pas, je l'espère?

— Eh bien! entrez donc dans le salon, mon jeune ami, et vous trouverez votre père qui vous attend.

Andrea fit un profond salut au comte et entra dans le salon.

Le comte le suivit des yeux, et, l'ayant vu disparaître, poussa un ressort correspondant à un tableau, lequel, en s'écartant du cadre, laissait, par un interstice habilement ménagé, pénétrer la vue dans le salon.

Andrea referma la porte derrière lui et s'avança vers le major, qui se leva dès qu'il entendit le bruit des pas qui s'approchaient.

— Ah! Monsieur et cher père, dit Andrea à haute voix et de manière à ce que le comte l'entendît à travers la porte fermée, est-ce bien vous?

— Bonjour, mon cher fils, dit gravement le major.

— Après tant d'années de séparation, dit Andrea en continuant de regarder du côté de la porte, quel bonheur de nous revoir!

— En effet, la séparation a été longue.

— Ne nous embrassons-nous pas, Monsieur? reprit Andrea.

— Comme vous voudrez, mon fils, dit le major.

Et les deux hommes s'embrassèrent comme on s'embrasse au Théâtre-Français, c'est-à-dire en se passant la tête par-dessus l'épaule.

— Ainsi donc nous voici réunis? dit Andrea.

— Nous voici réunis, reprit le major.

— Pour ne plus nous séparer ?

— Si fait, je crois, mon cher fils, que vous regardez maintenant la France comme une seconde patrie ?

— Le fait est, dit le jeune homme, que je serais désespéré de quitter Paris.

— Et moi, vous comprenez, je ne saurais vivre hors de Lucques. Je retournerai donc en Italie aussitôt que je pourrai.

— Mais avant de partir, très-cher père, vous me remettrez sans doute les papiers à l'aide desquels il me sera facile de constater le sang dont je sors.

— Sans aucun doute, car je viens exprès pour cela, et j'ai eu trop de peine à vous rencontrer, afin de vous les remettre, pour que nous recommencions encore à nous chercher; cela prendrait la dernière partie de ma vie.

— Et ces papiers?

— Les voici.

Andrea saisit avidement l'acte de mariage de son père, son certificat de baptême à lui, et après avoir ouvert le tout avec une avidité bien naturelle à un bon fils, il parcourut les deux pièces avec une rapidité et une habitude qui dénotaient le coup d'œil le plus exercé en même temps que l'intérêt le plus vif.

Lorsqu'il eut fini, une indéfinissable expression de joie brilla sur son front, et regardant le major avec un étrange sourire :

— Ah ça, dit-il en excellent toscan, il n'y a donc pas de galères en Italie.....

Le major se redressa.

— Et pourquoi cela ? dit-il.

— Qu'on y fabrique impunément de pareilles pièces? Pour la moitié de cela, mon très-cher père, en France on vous enverrait prendre l'air à Toulon pour cinq ans.

— Plaît-il? dit le Lucquois en essayant de conquérir un air majestueux.

— Mon cher monsieur Cavalcanti, dit Andrea en pressant le bras du major, combien vous donne-t-on pour être mon père?

Le major voulut parler.

— Chut! dit Andrea en baissant la voix, je vais vous donner l'exemple de la confiance; on me donne cinquante mille francs par an pour être votre fils : par conséquent, vous comprenez que ce n'est pas moi qui serai jamais disposé à nier que vous soyez mon père.

Le major regarda avec inquiétude autour de lui.

— Eh! soyez tranquille, nous sommes seuls, dit Andrea; d'ailleurs nous parlons italien.

— Eh bien! à moi, dit le Lucquois, on me donne cinquante mille francs une fois payés.

— Monsieur Cavalcanti, dit Andrea, aviez-vous foi aux contes de fées?

— Non, pas autrefois, mais maintenant il faut bien que j'y croie.

— Vous avez donc eu des preuves ?

Le major tira de son gousset une poignée d'or.

— Palpables, comme vous voyez.

— Vous pensez donc que je puis croire aux promesses qu'on m'a faites ?

— Je le crois.

— Et que ce brave homme de comte les tiendra ?

— De point en point, mais, vous comprenez, pour arriver à ce but, il faut jouer notre rôle.

— Comment donc !...

— Moi, de tendre père...

— Et moi de fils respectueux.

— Puisqu'ils désirent que vous descendiez de moi.

— Qui? *ils?*

— Dame, je n'en sais rien, ceux qui vous ont écrit; n'avez-vous pas reçu une lettre?

— Si fait.

— De qui?

— D'un certain abbé Busoni.

— Que vous ne connaissez pas?

— Que je n'ai jamais vu.

— Que vous disait cette lettre?

— Vous ne me trahirez pas?

— Je m'en garderai bien, nos intérêts sont les mêmes.

— Alors lisez.

Et le major passa une lettre au jeune homme.

Andrea lut à voix basse :

« Vous êtes pauvre, une vieillesse malheureuse vous attend. Voulez-vous devenir sinon riche, du moins indépendant?

« Partez pour Paris à l'instant même, et allez réclamer à M. le comte de Monte-

Christo, avenue des Champs-Élysées, n° 30, le fils que vous avez eu de la marquise Corsinari, et qui vous a été enlevé à l'âge de cinq ans.

« Ce fils se nomme Andréa Cavalcanti.

« Pour que vous ne révoquiez pas en doute l'intention qu'a le soussigné de vous être agréable, vous trouverez ci-joint :

« 1° Un bon de deux mille quatre cents livres toscanes, payable chez M. Gozzi, à Florence ;

« 2° Une lettre d'introduction près de M. le comte de Monte-Christo, sur lequel je vous crédite d'une somme de quarante-huit mille francs.

« Soyez chez le Comte le 26 mai, à sept heures du soir.

« *Signé* abbé Busoni. »

— C'est cela.

— Comment! c'est cela? Que voulez-vous dire? demanda le major.

— Je dis que j'ai reçu la pareille, à peu près.

— Vous?

— Oui, moi.

— De l'abbé Busoni?

— Non.

— De qui donc?

— D'un Anglais, d'un certain lord Wilmore, qui prend le nom de Simbad le marin.

— Et que vous ne connaissez pas plus que je ne connais l'abbé Busoni?

— Si fait; moi je suis plus avancé que vous.

— Vous l'avez-vu?

— Oui, une fois.

— Où cela?

— Ah! justement voici ce que je ne puis pas vous dire; vous seriez aussi savant que moi, et c'est inutile.

— Et cette lettre vous disait ?

— Lisez.

« Vous êtes pauvre et n'avez qu'un avenir misérable : voulez-vous avoir un nom, être libre, être riche ? »

— Parbleu ! fit le jeune homme, en se balançant sur ses talons, comme si une pareille question se faisait.

« Prenez la chaise de poste que vous trouverez tout attelée en sortant de Nice par la porte de Gênes. Passez par Turin, Chambéry et Pont-de-Beauvoisin. Présentez-vous chez M. le comte de Monte-Christo, avenue des Champs-Élysées, le 26 mai, à sept heures du soir, et demandez-lui votre père.

« Vous êtes fils du marquis Bartolomeo Cavalcanti et de la marquise Leonora Corsinari, ainsi que le constateront les papiers qui vous seront remis par le marquis, et qui vous permettront de vous présenter sous ce nom dans le monde parisien.

« Quant à votre rang, un revenu de cinquante mille livres par an vous mettra à même de le soutenir.

« Ci-joint un bon de cinq mille livres payable sur M. Ferrea, banquier à Nice, et une lettre d'introduction près du comte de Monte-Christo, chargé par moi de pourvoir à vos besoins.

« Simbad le Marin. »

— Hum ! fit le major, c'est fort beau !

— N'est-ce pas ?

— Vous avez vu le comte ?

— Je le quitte.

— Et il a ratifié ?

— Tout.

— Y comprenez-vous quelque chose ?

— Ma foi non.

— Il y a une dupe dans tout cela.

— En tout cas, ce n'est ni vous ni moi ?

— Non, certainement.

— Eh bien alors !...

— Peu nous importe, n'est-ce pas?

— Justement, c'est ce que je voulais dire ; allons jusqu'au bout et jouons serré.

— Soit; vous verrez que je suis digne de faire votre partie.

— Je n'en ai pas douté un seul instant, mon cher père.

— Vous me faites honneur, mon cher fils.

Monte-Christo choisit ce moment pour rentrer dans le salon. En entendant le bruit de ses pas, les deux hommes se jetèrent dans les bras l'un de l'autre ; le comte les trouva embrassés.

— Eh bien! monsieur le Marquis, dit Monte-Christo, il paraît que vous avez retrouvé un fils selon votre cœur?

— Ah! Monsieur le Comte, je suffoque de joie.

— Et vous, jeune homme?

— Ah! monsieur le Comte, j'étouffe de bonheur.

— Heureux père! heureux enfant! dit le comte.

— Une seule chose m'attriste, dit le major; c'est la nécessité où je suis de quitter Paris si vite.

— Oh! cher monsieur Cavalcanti, dit Monte-Christo, vous ne partirez pas, je l'espère, que je ne vous aie présenté à quelques amis.

— Je suis aux ordres de M. le Comte, dit le major.

— Maintenant, voyons, jeune homme, confessez-vous.

— A qui ?

— Mais à monsieur votre père; dites-lui quelques mots de l'état de vos finances.

— Ah diable! fit Andrea, vous touchez la corde sensible.

— Entendez-vous, major? dit Monte-Christo.

— Sans doute, que je l'entends.

— Oui, mais comprenez-vous ?

— A merveille.

— Il dit qu'il a besoin d'argent, ce cher enfant !

— Que voulez-vous que j'y fasse ?

— Que vous lui en donniez, parbleu !

— Moi ?

— Oui, vous !

Monte-Christo passa entre les deux hommes.

— Tenez ! dit-il à Andrea en lui glissant un paquet de billets de banque dans la main.

— Qu'est-ce que cela ?

— La réponse de votre père.

— De mon père?

— Oui. Ne venez-vous pas de laisser entendre que vous aviez besoin d'argent ?

— Oui. Eh bien ?

— Eh bien! il me charge de vous remettre cela.

— A compte sur mes revenus?

— Non, pour vos frais d'installation.

— Oh! cher père!

— Silence, dit Monte-Christo, vous voyez bien qu'il ne veut pas que je dise que cela vient de lui.

— J'apprécie cette délicatesse, dit Andrea, en enfonçant ses billets de banque dans le gousset de son pantalon.

— C'est bien, dit Monte-Christo, maintenant allez!

— Et quand aurons-nous l'honneur de revoir monsieur le Comte? demanda Cavalcanti.

— Ah! oui, demanda Andrea, quand aurons-nous cet honneur?

— Samedi, si vous voulez... oui... tenez... samedi. J'ai à dîner à ma maison d'Auteuil, rue La Fontaine, n° 28, plusieurs personnes, et entre autres M. Danglars, votre banquier; je vous présenterai à lui, il faut bien qu'il vous connaisse tous deux pour vous compter votre argent.

— Grande tenue? demanda à demi-voix le major.

— Grande tenue : uniforme, croix, culotte courte.

— Et moi? demanda Andrea.

— Oh! vous, très-simplement : pantalon noir, bottes vernies, gilet blanc, habit noir ou bleu, cravate longue, prenez Blin ou Véronique pour vous habiller. Si vous ne connaissez pas leurs adresses, Baptistin vous les donnera. Moins vous affecterez de prétention dans votre mise, étant riche comme vous l'êtes, meilleur effet cela fera. Si vous achetez des chevaux, prenez-les chez Devedeux ; si vous achetez un phaéton, allez chez Baptiste.

— A quelle heure pourrons-nous nous présenter? demanda le jeune homme.

— Mais vers six heures et demie.

— C'est bien, on y sera, dit le major en portant la main à son chapeau.

Les deux Cavalcanti saluèrent le comte et sortirent.

Le comte s'approcha de la fenêtre, et les vit qui traversaient la cour bras dessus bras dessous.

— En vérité, dit-il, voilà deux grands misérables ! Quel malheur que ce ne soit pas véritablement le père et le fils !

Puis après un instant de sombre réflexion :

— Allons chez les Morrel ! dit-il ; je crois que le dégoût m'écœure encore plus que la haine.

CHAPITRE VI.

L'ENCLOS A LA LUZERNE.

Il faut que nos lecteurs nous permettent de les ramener à cet enclos qui confine à la maison de M. de Villefort, et, derrière la grille envahie par des marronniers, nous retrouverons des personnages de notre connaissance.

Cette fois Maximilien est arrivé le premier. C'est lui qui a collé son œil contre la cloison, et qui guette dans le jardin profond une ombre entre les arbres et le craquement d'un brodequin de soie sur le sable des allées.

Enfin le craquement tant désiré se fit entendre, et au lieu d'une ombre ce furent deux ombres qui s'approchèrent. Le retard de Valentine avait été occasionné par une visite de madame Danglars et d'Eugénie, visite qui s'était prolongée au-delà de l'heure où Valentine était attendue. Alors, pour ne pas manquer à son rendez-vous, la jeune fille avait proposé à mademoiselle Danglars une promenade au jardin, voulant montrer à Maximilien qu'il n'y avait point de sa faute dans le retard dont sans doute il souffrait.

Le jeune homme comprit tout avec

cette rapidité d'intuition particulière aux amants, et son cœur fut soulagé. D'ailleurs, sans arriver à la portée de la voix, Valentine dirigea sa promenade de manière à ce que Maximilien pût la voir passer et repasser; et chaque fois qu'elle passait et repassait, un regard inaperçu de sa compagne, mais jeté de l'autre côté de la grille et recueilli par le jeune homme, lui disait :

« Prenez patience, ami, vous voyez qu'il n'y a point de ma faute. »

Et Maximilien, en effet, prenait patience tout en admirant ce contraste entre les deux jeunes filles : entre cette blonde aux yeux languissants et à la taille inclinée comme un beau saule, et cette brune aux yeux fiers et à la taille droite comme un peuplier; puis il va sans dire que dans cette comparaison, entre deux natures si opposées, tout l'avantage, dans le cœur du jeune homme du moins, était pour Valentine.

Au bout d'une demi-heure de promenade, les deux jeunes filles s'éloignèrent. Maximilien comprit que le terme de la visite de madame Danglars était arrivé.

En effet, un instant après, Valentine reparut seule. De crainte qu'un regard indiscret ne suivît son retour, elle venait lentement, et, au lieu de s'avancer directement vers la grille, elle alla s'asseoir sur un banc, après avoir sans affectation interrogé chaque touffe de feuillage et plongé son regard dans le fond de toutes les allées.

— Ces précautions prises, elle courut à la grille.

— Bonjour, Valentine, dit une voix.

— Bonjour, Maximilien ; je vous ai fait attendre, mais vous avez vu la cause ?

— Oui, j'ai reconnu mademoiselle Danglars ; je ne vous croyais pas si liée avec cette jeune personne.

— Qui vous a donc dit que nous étions liées, Maximilien ?

— Personne ; mais il m'a semblé que cela ressortait de la façon dont vous vous donniez le bras, de la façon dont vous causiez : on eût dit deux compagnes de pension se faisant leurs confidences.

— Nous nous faisions nos confidences, en effet, dit Valentine; elle m'avouait sa répugnance pour un mariage avec M. de Morcerf, et moi je lui avouais de mon côté que je regardais comme un malheur d'épouser M. d'Epinay.

— Chère Valentine!

— Voilà pourquoi, mon ami, continua la jeune fille, vous avez vu cette apparence d'abandon entre moi et Eugénie; c'est que, tout en parlant de l'homme que je ne puis aimer, je pensais à l'homme que j'aime.

— Que vous êtes bonne en toutes choses, Valentine, et que vous avez en vous une chose que mademoiselle Danglars n'aura jamais: c'est ce charme indéfini qui est à la femme ce que le parfum est à la fleur, ce que la saveur est au fruit ; car ce n'est pas le tout pour une fleur que d'être belle, ce n'est pas le tout pour un fruit que d'être beau.

— C'est votre amour qui vous fait voir les choses ainsi, Maximilien !

— Non, Valentine, je vous jure. Tenez, je vous regardais toutes deux tout-à-l'heure, et sur mon honneur, tout en rendant justice à la beauté de mademoiselle Danglars, je ne comprenais pas qu'un homme devînt amoureux d'elle.

— C'est que, comme vous le disiez, Maximilien, j'étais là, et que ma présence vous rendait injuste.

— Non... mais dites-moi... une question de simple curiosité, et qui émane de certaines idées que je me suis faites sur mademoiselle Danglars.

— Oh! bien injustes, sans que je sache lesquelles certainement. Quand vous nous jugez, nous autres, pauvres femmes, nous ne devons pas nous attendre à l'indulgence.

— Avec cela qu'entre vous vous êtes bien justes les unes envers les autres!

— Parce que presque toujours il y a de la passion dans nos jugements. Mais revenez à votre question.

— Est-ce parce que mademoiselle Danglars aime quelqu'un qu'elle redoute son mariage avec M. de Morcerf?

— Maximilien, je vous ai dit que je n'étais pas l'amie d'Eugénie.

— Eh! mon Dieu! dit Morrel, sans être amies, les jeunes filles se font des confidences; convenez que vous lui avez fait quelques questions là-dessus? Ah! je vous vois sourire.

— S'il en est ainsi, Maximilien, ce n'est pas la peine que nous ayons entre nous cette cloison de planches.

— Voyons, que vous a-t-elle dit?

— Elle m'a dit qu'elle n'aimait personne, dit Valentine; qu'elle avait le mariage en horreur; que sa plus grande joie eût été de mener une vie libre et indépendante, et qu'elle désirait presque que son père perdît sa fortune pour se faire artiste comme son amie, mademoiselle Louise d'Armilly.

— Ah! vous voyez!

— Eh bien! qu'est-ce que cela prouve? demanda Valentine.

— Rien, répondit en souriant Maximilien.

— Alors, dit Valentine, pourquoi souriez-vous à votre tour?

— Ah! dit Maximilien, vous voyez bien que vous aussi vous regardez, Valentine.

— Voulez-vous que je m'éloigne?

— Oh non! non pas! mais revenons à vous.

— Ah! oui, c'est vrai, car à peine avons-nous dix minutes à passer ensemble.

— Mon Dieu! s'écria Maximilien consterné.

— Oui, Maximilien, vous avez raison, dit avec mélancolie Valentine, et vous avez là une pauvre amie. Quelle existence je vous fais passer, pauvre Maximilien, vous si bien fait pour être heureux! Je me le reproche amèrement, croyez-moi.

— Eh bien! que vous importe, Valentine, si je me trouve heureux ainsi; si cette attente éternelle me semble payée, à moi, par cinq minutes de votre vue, par deux mots de votre bouche, et par cette conviction profonde, éternelle, que Dieu n'a pas créé deux cœurs aussi en harmonie que les nôtres, et ne les a pas presque miraculeusement réunis, surtout pour les séparer.

— Bon, merci, espérez pour nous deux, Maximilien ; cela me rend à moitié heureuse.

— Que vous arrive-t-il donc encore, Valentine, que vous me quittez si vite?

— Je ne sais ; madame de Villefort m'a fait prier de passer chez elle pour une communication de laquelle dépend, m'a-t-elle fait dire, une portion de ma fortune. Eh! mon Dieu, qu'ils la prennent ma fortune, je suis trop riche, et qu'après me l'avoir prise ils me laissent tranquille et libre ; vous m'aimerez tout autant pauvre, n'est-ce pas, Morrel ?

— Oh ! je vous aimerai toujours, moi ; que m'importe richesse ou pauvreté, si ma Valentine était près de moi, et que je fusse sûr que personne ne me la pût ôter ! Mais cette communication, Valentine, ne craignez-vous point que ce ne soit quelque nouvelle relative à votre mariage ?

— Je ne le crois pas.

— Cependant, écoutez-moi, Valentine, et ne vous effrayez pas, car tant que je vivrai je ne serai pas à une autre.

— Vous croyez me rassurer en me disant cela, Maximilien ?

— Pardon! vous avez raison, je suis un brutal. Eh bien! je voulais donc vous dire que l'autre jour j'ai rencontré M. de Morcerf.

— Eh bien!

— M. Franz est son ami, comme vous savez.

— Oui; eh bien?

— Eh bien! il a reçu une lettre de Franz qui lui annonce son prochain retour.

Valentine pâlit, et appuya sa main contre la grille.

— Ah! mon Dieu! dit-elle, si c'était

cela ! Mais non, la communication ne viendrait point de madame de Villefort.

— Pourquoi cela ?

— Pourquoi... je n'en sais rien... mais il me semble que madame de Villefort, tout en ne s'y opposant point franchement, n'est pas sympathique à ce mariage.

— Eh bien ! mais, Valentine, il me semble que je vais l'adorer, madame de Villefort.

— Oh ! ne vous pressez pas, Maximilien, dit Valentine avec un triste sourire.

— Enfin si elle est antipathique à ce mariage, ne fût-ce que pour le rompre, peut-être ouvrirait-elle l'oreille à quelque autre proposition.

— Ne croyez point cela, Maximilien ; ce ne sont pas les maris que madame de Villefort repousse, c'est le mariage.

— Comment ? le mariage ! Si elle déteste si fort le mariage, pourquoi s'est-elle mariée elle-même ?

— Vous ne me comprenez pas, Maximilien ; ainsi, lorsqu'il y a un an j'ai parlé de me retirer dans un couvent, elle avait, malgré les observations qu'elle avait cru devoir faire, adopté ma proposition avec joie, mon père même y avait consenti à son instigation, j'en suis sûre ; il n'y eut que mon pauvre grand-père qui m'a retenue. Vous ne pouvez vous figurer, Maximilien, quelle expression il y a dans les yeux de ce pauvre vieillard, qui n'aime que moi au monde, et qui, Dieu me pardonne si c'est un blasphème, et qui n'est aimé au monde que de moi. Si vous saviez, quand il a appris ma résolution, comme il m'a regardée, ce qu'il y avait de reproche dans ce regard et de désespoir dans ces larmes qui roulaient sans plaintes, sans soupirs, le long de ses joues immobiles! Ah! Maximilien, j'ai éprouvé quelque chose comme un remords; je me suis jetée à ses pieds en lui criant : Pardon! pardon! mon père! on fera de moi ce qu'on voudra, mais je ne vous quitterai jamais. Alors il leva les yeux au ciel! Maximilien, je puis souffrir beaucoup ; ce regard de mon bon vieux grand-père m'a payée d'avance pour ce que je souffrirai.

— Chère Valentine! vous êtes un ange, et je ne sais vraiment pas comment j'ai mérité, en sabrant à droite et à gauche des Bédouins, à moins que Dieu n'ait considéré que ce sont des infidèles, je ne sais pas comment j'ai mérité que vous vous révéliez à moi. Mais enfin, voyons, Valentine, quel est donc l'intérêt de madame de Villefort à ce que vous ne vous mariez pas?

— N'avez-vous pas entendu tout-à-l'heure que je vous disais que j'étais riche, Maximilien, trop riche? J'ai, du chef de ma mère, près de cinquante mille livres de rentes; mon grand-père et ma grand'mère, le marquis et la marquise de Saint-Méran, doivent m'en laisser autant; M. Noirtier a bien visiblement l'intention de me faire sa seule héritière. Il en résulte donc que, comparativement à moi, mon frère Édouard, qui n'attend du côté de madame de Villefort aucune fortune, est pauvre. Or, madame de Villefort aime cet enfant avec adoration, et si je fusse entrée en religion, toute ma fortune, concentrée sur mon père qui héritait du marquis, de la marquise et de moi, revenait à son fils.

— Oh! que c'est étrange cette cupidité dans une jeune et belle femme!

— Remarquez que ce n'est point pour elle, Maximilien, mais pour son fils, et que ce que vous lui reprochez comme un défaut, au point de vue de l'amour maternel est presque une vertu.

— Mais voyons, Valentine, dit Morrel,

si vous abandonniez une portion de cette fortune à ce fils?

— Le moyen de faire une pareille proposition, dit Valentine, et surtout à une femme qui, sans cesse, a à la bouche le mot de désintéressement?

— Valentine, mon amour m'est toujours resté sacré, et comme toute chose sacrée, je l'ai couvert du voile de mon respect et enfermé dans mon cœur ; personne au monde, pas même ma sœur, ne se doute donc de cet amour que je n'ai confié à qui que ce soit au monde. Valentine, me permettez-vous de parler de cet amour à un ami?

Valentine tressaillit.

— A un ami? dit-elle. Oh! mon Dieu,

Maximilien, je frissonne rien qu'à vous entendre parler ainsi! A un ami! et qui donc est cet ami?

— Ecoutez, Valentine : avez-vous jamais senti pour quelqu'un une de ces sympathies irrésistibles qui font que, tout en voyant cette personne pour la première fois, vous croyez la connaître depuis longtemps, et vous vous demandez où et quand vous l'avez vue, si bien que, ne pouvant vous rappeler ni le lieu ni le temps, vous arrivez à croire que c'est dans un monde antérieur au nôtre, et que cette sympathie n'est qu'un souvenir qui se réveille ?

— Oui.

— Eh bien! Voilà ce que j'ai éprouvé

la première fois que j'ai vu cet homme extraordinaire.

— Un homme extraordinaire?

— Oui.

— Que vous connaissez depuis longtemps alors?

— Depuis huit ou dix jours à peine.

— Et vous appelez votre ami un homme que vous connaissez depuis huit jours? Oh! Maximilien, je vous croyais plus avare de ce beau nom d'ami.

— Vous avez raison en logique, Valentine; mais dites ce que vous voudrez, rien ne me fera revenir sur ce sentiment instinctif. Je crois que cet homme sera mêlé à tout ce qui m'arrivera de bien dans l'avenir, que parfois son regard profond semble connaître et sa main puissante diriger.

— C'est donc un devin? dit en souriant Valentine.

— Ma foi, dit Maximilien, je suis tenté de croire souvent qu'il devine... le bien, surtout.

— Oh! dit Valentine tristement, faites-moi connaître cet homme, Maximilien, que je sache de lui si je serai assez aimée pour me dédommager de tout ce que j'ai souffert.

— Pauvre amie! mais vous le connaissez!

— Moi ?

— Oui.

— C'est celui qui a sauvé la vie à votre belle-mère et à son fils.

— Le comte de Monte-Christo ?

— Lui-même.

— Oh! s'écria Valentine, il ne peut jamais être mon ami, il est trop celui de ma belle-mère.

— Le comte l'ami de votre belle-mère, Valentine ? mon instinct ne faillirait pas à ce point; je suis sûr que vous vous trompez.

— Oh! si vous saviez, Maximilien? mais ce n'est plus Édouard qui règne à la maison, c'est le comte : recherché de madame de Villefort, qui voit en lui le résumé des connaissances humaines ; admiré, entendez-vous, admiré de mon père, qui dit n'avoir jamais entendu formuler avec plus d'éloquence des idées plus élevées ; idolâtré d'Édouard, qui, malgré sa peur des grands yeux noirs du comte, court à lui aussitôt qu'il le voit arriver, et lui ouvre la main, où il trouve toujours quelque jouet admirable : M. de Monte-Christo n'est pas ici chez mon père ; M. de Monte-Christo n'est pas ici chez madame de Villefort ; M. de Monte-Christo est chez lui.

— Eh bien ! chère Valentine, si les choses sont ainsi que vous dites, vous devez déjà ressentir ou vous ressentirez bientôt les effets de sa présence. Il rencontre Albert de Morcerf en Italie, c'est pour le tirer des mains des brigands; il aperçoit madame Danglars, c'est pour lui faire un cadeau royal; votre belle-mère et votre frère passent devant sa porte, c'est pour que son Nubien leur sauve la vie. Cet homme a évidemment reçu le pouvoir d'influer sur les évènements, sur les hommes et sur les choses. Je n'ai jamais vu de goûts plus simples alliés à une plus haute magnificence. Son sourire est si doux quand il me l'adresse, que j'oublie combien les autres trouvent son sourire amer. Oh! dites-moi, Valentine, vous a-t-il souri ainsi? S'il l'a fait, vous serez heureuse.

— Moi! dit la jeune fille; oh! mon Dieu! Maximilien, il ne me regard seulement pas; ou plutôt, si je passe par hasard, il détourne la vue de moi. Oh! il n'est pas généreux, allez! ou il n'a pas ce regard profond qui lit au fond des cœurs, et que vous lui supposez à tort; car s'il eût eu ce regard, il eût vu que j'étais malheureuse; car s'il eût été généreux, me voyant seule et triste au milieu de toute cette maison, il m'eût protégée de cette influence qu'il exerce; et puisqu'il joue, à ce que vous prétendez, le rôle du soleil, il eût réchauffé mon cœur à l'un de ses rayons. Vous dites qu'il vous aime, Maximilien; eh! mon Dieu, qu'en savez-vous? les hommes font toujours gracieux visage à un grand officier de cinq pieds huit pouces comme vous, qui a une longue moustache et un grand sabre; mais ils croient pouvoir écraser sans crainte une pauvre fille qui pleure.

— Oh! Valentine! vous vous trompez, je vous jure!

— S'il en était autrement, voyons, Maximilien, s'il me traiterait diplomatiquement, c'est-à-dire en homme qui, d'une façon ou de l'autre, veut s'impatroniser dans la maison ; il m'eût, ne fût-ce qu'une seule fois, honorée de ce sourire que vous me vantez si fort; mais non, il m'a vue malheureuse, il comprend que je ne puis lui être bonne à rien, et il ne fait pas même attention à moi. Qui sait même si, pour faire sa cour à mon père, à madame de Villefort ou à mon frère, il ne me persécutera point aussi en tant qu'il sera en son pouvoir de le faire? Voyons, franchement, Maximilien, je ne suis pas une femme que l'on doive mépriser ainsi sans raison; vous me l'avez dit. Ah! pardonnez-moi, continua la jeune fille en voyant l'impression que ces paroles produisaient sur Maximilien, je suis mauvaise, et je vous dis-là sur cet homme des choses que je ne savais pas même avoir dans le cœur. Tenez, je ne nie pas que cette influence dont vous me parlez existe, et qu'il ne l'exerce même sur moi; mais, s'il l'exerce, c'est d'une manière nuisible et corruptrice, comme vous le voyez, de vos bonnes pensées.

— C'est bien, Valentine, dit Morrel avec un soupir; n'en parlons plus; je ne lui dirai rien.

— Hélas! mon ami, dit Valentine, je vous afflige, je le vois. Oh! que ne puis-je vous serrer la main pour vous demander pardon! Mais enfin je ne demande pas mieux que d'être convaincue; dites, qu'a donc fait pour vous ce comte de Monte-Christo?

— Vous m'embarrassez fort, je l'avoue, Valentine, en me demandant ce que le comte a fait pour moi : rien d'ostensible, je le sais bien. Aussi, comme je vous l'ai déjà dit, mon affection pour lui est-elle toute instinctive et n'a-t-elle rien de raisonné. Est-ce que le soleil m'a fait quelque chose? Non; il me réchauffe, et à sa lumière je vous vois, voilà tout. Est-ce que tel ou tel parfum a fait quelque chose pour moi? Non; son odeur récrée agréablement un de mes sens; je n'ai pas autre chose à dire quand on me demande pourquoi je vante ce parfum, mon amitié pour lui est étrange comme la sienne pour moi. Une voix secrète m'avertit qu'il y a plus que du hasard dans cette amitié imprévue et réciproque. Je trouve de la corrélation jusque dans ses plus simples actions, jusque dans ses plus secrètes pensées, entre mes actions et mes pensées. Vous allez encore rire de moi, Valentine, mais depuis que je connais cet homme, l'idée absurde m'est venue que tout ce qui m'arrive de bien émane de lui. Cependant j'ai vécu trente ans sans avoir eu besoin de ce protecteur, n'est-ce pas? n'importe, tenez, un exemple: il m'a invité à dîner pour samedi, c'est naturel au point où nous en sommes, n'est-ce pas? Eh bien! qu'ai-je su depuis? Votre père est invité à ce dîner, votre mère y viendra. Je me rencontrerai avec eux, et qui sait ce qui résultera dans l'avenir de cette entrevue? Voilà des circonstances fort simples en apparence. Cependant, moi, je vois là dedans quelque chose qui m'étonne; j'y puise une confiance étrange. Je me dis que le comte, cet homme singulier qui devine tout, a voulu me faire trouver avec M. et madame de Villefort, et quelquefois je cherche, je vous le jure, à lire dans ses yeux s'il n'a pas deviné mon amour.

— Mon bon ami, dit Valentine, je vous prendrais pour un visionnaire, et j'aurais véritablement peur pour votre bon sens, si je n'écoutais de vous que de semblables raisonnements. Quoi! vous voyez autre chose que du hasard dans cette rencontre? En vérité, réfléchissez donc. Mon père, qui ne sort jamais, a été sur le point dix fois de refuser cette invitation à madame de Villefort, qui, au contraire, brûle du désir de voir chez lui ce nabab extraordinaire, et c'est à grande peine qu'elle a obtenu qu'il l'accompagnerait. Non, non, croyez-moi, je n'ai, à part vous, Maximilien, d'autre secours à demander dans ce monde qu'à mon grand-père, un cadavre; d'autre appui à chercher que dans ma pauvre mère, une ombre.

— Je sens que vous avez raison, Valentine, et que la logique est pour vous, dit Maximilien; mais votre douce voix, toujours si puissante sur moi, aujourd'hui ne me convainc pas.

— Ni la vôtre non plus, dit Valentine, et j'avoue que si vous n'avez pas d'autre exemple à me citer...

— J'en ai un, dit Maximilien en hésitant; mais en vérité, Valentine, je suis forcé de l'avouer moi-même, il est encore plus absurde que le premier.

— Tant pis, dit en souriant Valentine.

— Et cependant, continua Morrel, il n'en est pas moins concluant pour moi, homme tout d'inspiration et de sentiment, et qui ai quelquefois, depuis dix ans que je sers, dû la vie à un de ces éclairs intérieurs qui vous disent de faire un mouvement en avant ou en arrière pour que la balle qui devait vous tuer passe à côté de vous.

— Cher Maximilien, pourquoi ne pas faire honneur à mes prières de cette déviation des balles? Quand vous êtes là-bas, ce n'est plus pour moi que je prie Dieu et ma mère, c'est pour vous.

— Oui, depuis que je vous connais, dit en souriant Morrel ; mais avant que je vous connusse, Valentine ?

— Voyons, puisque vous ne voulez rien me devoir, méchant, revenez donc à cet exemple que vous-même avouez être absurde.

— Eh bien ! regardez par les planches, et voyez là-bas, à cet arbre, le cheval nouveau avec lequel je suis venu.

— Oh ! l'admirable bête ! s'écria Valentine, pourquoi ne l'avez-vous pas amené près de la grille, je lui eusse parlé et il m'eût entendu ?

— C'est en effet, comme vous le voyez, une bête d'un assez grand prix, dit Maximilien. Eh bien ! vous savez que ma fortune est bornée, Valentine, et que je suis ce qu'on appelle un homme raisonnable. Eh bien ! j'avais vu chez un marchand de chevaux ce magnifique *Médéah*, je le nomme ainsi. Je demandai quel était son prix : on me répondit, quatre mille cinq cents francs ; je dus m'abstenir, comme vous le comprenez bien, de le trouver beau plus longtemps, et je partis, je l'avoue, le cœur assez gros, car le cheval m'avait tendrement regardé, m'avait caressé avec sa tête, et avait caracolé sous moi de la façon la plus coquette et la plus charmante. Le même soir j'avais quelques amis à la maison, M. de Château-Renaud, M. Debray et cinq ou six autres mauvais sujets, que vous avez le bonheur de ne pas connaître même de nom. On proposa une bouillotte, je ne joue jamais, car je ne suis pas assez riche pour pouvoir perdre, ni assez pauvre pour désirer gagner. Mais j'étais chez moi, vous comprenez, je n'avais autre chose à faire que d'envoyer chercher des cartes, et c'est ce que je fis. Comme on se mettait à table, M. de Monte-Christo arriva. Il prit sa place, on joua, et moi je gagnai, j'ose à peine vous avouer cela, Valentine, je gagnai cinq mille francs. Nous nous quittâmes à minuit. Je n'y pus tenir, je pris un cabriolet et me fis conduire chez mon marchand de chevaux. Tout palpitant, tout fiévreux, je sonnai; celui qui vint m'ouvrir dut me prendre pour un fou. Je m'élançai de l'autre côté de la porte à peine ouverte. J'entrai dans l'écurie, je regardai au râtelier. O bonheur! *Médéah* grignotait son foin. Je saute sur une selle, je la lui applique moi-même sur le dos, je lui passe la bride, *Médéah* se prête de la meilleure grâce du monde à cette opération. Puis, déposant les quatre mille cinq cents francs entre les mains du marchand stupéfait, je reviens ou plutôt je passe la nuit à me promener dans les Champs-Élysées. Eh bien! j'ai vu de la lumière à la fenêtre du comte; il m'a même semblé apercevoir son ombre derrière les rideaux. Maintenant, Valentine, je jurerais que le comte a su que je désirais ce cheval et qu'il a perdu exprès pour me le faire gagner.

— Mon cher Maximilien, dit Valentine, vous êtes trop fantastique, en vérité... vous ne m'aimerez pas longtemps...

Un homme qui se fait ainsi de la poésie ne saurait s'étioler à plaisir dans une passion monotone comme la nôtre... Mais, grand Dieu! tenez, on m'appelle... entendez-vous?

— Oh! Valentine, dit Maximilien, par le petit jour de la cloison... votre doigt le plus petit, que je le baise!

— Maximilien, nous avions dit que nous serions l'un pour l'autre deux voix, deux ombres!

— Comme il vous plaira, Valentine.

— Serez-vous heureux si je fais ce que vous voulez?

— Oh! oui!

Valentine monta sur un banc, et passa, non pas son petit doigt à travers l'ouverture, mais sa main tout entière par-dessus la cloison.

Maximilien poussa un cri, et, s'élançant à son tour sur la borne, saisit cette main adorée et y appliqua ses lèvres ardentes ; mais aussitôt la petite main glissa entre les siennes, et le jeune homme entendit fuir Valentine, effrayée peut-être de la sensation qu'elle venait d'éprouver !

CHAPITRE VII.

M. NOIRTIER DE VILLEFORT.

Voici qui s'était passé dans la maison du procureur du roi, après le départ de madame Danglars et de sa fille et pendant la conversation que nous venons de rapporter.

M. de Villefort était entré chez son père, suivi de madame de Villefort; quant à Valentine, nous savons où elle était.

Tous deux, après avoir salué le vieillard, après avoir congédié Barrois, vieux domestique depuis plus de vingt-cinq ans à son service, avaient pris place à ses côtés.

M. Noirtier, assis dans son grand fauteuil à roulettes, où on le plaçait le matin et d'où on le tirait le soir, assis devant une glace qui réfléchissait tout l'appartement et lui permettait de voir, sans même tenter un mouvement devenu impossible, qui entrait dans sa chambre, qui en sortait, et ce qu'on faisait tout autour de lui; M. Noirtier, immobile comme un cadavre, regardait avec des yeux intelligents et vifs ses enfants dont la cérémonieuse révérence lui annonçait quelque démarche officielle et inattendue.

La vue et l'ouïe étaient les deux seuls sens qui animassent encore, comme deux étincelles, cette matière humaine déjà aux trois quarts façonnée pour la tombe; encore, de ces deux sens, un seul pourait-il révéler au-dehors la vie intérieure qui animait la statue, et le regard qui dénonçait cette vie intérieure était semblable à une de ces lumières lointaines qui, durant la nuit, apprennent au voyageur perdu dans un désert qu'il y a encore un être existant qui veille dans ce silence et dans cette obscurité.

Aussi dans cet œil noir du vieux Noirtier, surmonté d'un sourcil noir, tandis que toute la chevelure qu'il portait longue et pendante sur les épaules était blanche; dans cet œil, comme cela arrive pour tout organe de l'homme exercé aux dépens des autres organes, s'étaient concentrées toute l'activité, toute l'adresse, toute la force, toute l'intelligence répandues autrefois dans ce corps et dans cet esprit. Certes, le geste du bras, le son de la voix, l'attitude du corps manquaient; mais cet œil puissant suppléait à tout : il commandait avec les yeux, il remerciait avec les yeux; c'était un cadavre avec des yeux vivants, et rien n'était plus effrayant parfois que ce visage de marbre au haut duquel s'allumait une colère ou luisait une joie. Trois personnes seulement savaient comprendre ce langage du pauvre paralytique : c'étaient Villefort,

Valentine et le vieux domestique dont nous avons déjà parlé. Mais comme Villefort ne voyait que rarement son père, et pour ainsi quand il ne pouvait faire autrement, comme, lorsqu'il le voyait, il ne cherchait pas à lui plaire en le comprenant, tout le bonheur du vieillard reposait en sa petite-fille, et Valentine était parvenue, à force de dévouement, d'amour et de patience, à comprendre du regard toutes les pensées de Noirtier. A ce langage muet ou inintelligible pour tout autre, elle répondait avec toute sa voix, toute sa physionomie, toute son ame, de sorte qu'il s'établissait des dialogues animés entre cette jeune fille et cette prétendue argile, à peu près redevenue poussière, et qui cependant était encore un homme d'un savoir immense, d'une pénétration inouïe et d'une volonté aussi puissante que peut l'être l'ame enfermée dans une matière par laquelle elle a perdu le pouvoir de se faire obéir.

Valentine avait donc résolu cet étrange problème de comprendre la pensée du vieillard pour lui faire comprendre sa pensée à elle, et, grâce à cette étude, il était bien rare que pour les choses ordinaires de la vie elle ne tombât point avec précision sur le désir de cette ame vivante, ou sur le besoin de ce cadavre à moitié insensible.

Quant au domestique, comme depuis vingt-cinq ans, ainsi que nous l'avons dit, il servait son maître, il connaissait si bien toutes ses habitudes, qu'il était rare que Noirtier eût besoin de lui demander quelque chose.

Villefort n'avait, en conséquence besoin du secours ni de l'un ni de l'autre pour entamer avec son père l'étrange conversation qu'il venait provoquer. Lui-même, nous l'avons dit, connaissait parfaitement le vocabulaire du vieillard, et s'il ne s'en servait point plus souvent, c'était par ennui et par indifférence. Il laissa donc Valentine descendre au jardin, il éloigna donc Barrois, et après avoir pris sa place à la droite de son père, tandis que madame de Villefort s'asseyait à sa gauche :

— Monsieur, dit-il, ne vous étonnez pas que Valentine ne soit pas montée avec nous et que j'aie éloigné Barrois, car la conférence que nous allons avoir ensemble est de celles qui ne peuvent avoir lieu devant une jeune fille ou un domestique; madame de Villefort et moi avons une communication à vous faire.

Le visage de Noirtier resta impassible pendant ce préambule, tandis qu'au contraire l'œil de Villefort semblait vouloir plonger jusqu'au plus profond du cœur du vieillard.

— Cette communication, continua le procureur du roi avec son ton glacé et qui semblait ne jamais admettre la contestation, nous sommes sûrs, madame de Villefort et moi, qu'elle vous agréera.

L'œil du vieillard continua de demeurer atone; il écoutait, voilà tout.

— Monsieur, reprit Villefort, nous marions Valentine.

Une figure de cire ne fût pas restée plus froide à cette nouvelle que ne resta la figure du vieillard.

— Le mariage aura lieu avant trois mois, reprit Villefort.

L'œil du vieillard continua d'être inanimé.

Madame de Villefort prit la parole à son tour, et se hâta d'ajouter :

— Nous avons pensé que cette nouvelle aurait de l'intérêt pour vous, Monsieur; d'ailleurs Valentine a toujours semblé attirer votre affection; il nous reste donc à vous dire seulement le nom du jeune homme qui lui est destiné. C'est un des plus honorables partis auxquels Valentine puisse prétendre; il y a de la fortune, un beau nom et des garanties parfaites de bonheur dans la conduite et les goûts de celui que nous lui destinons, et dont le nom ne doit pas vous être inconnu. Il s'agit de M. Franz de Quesnel, baron d'Epinay.

Villefort, pendant le petit discours de sa femme, attachait sur le vieillard un regard plus attentif que jamais. Lorsque madame de Villefort prononça le nom de Franz, l'œil de Noirtier, que son fils connaissait si bien, frissonna, et les paupières, se dilatant comme eussent pu faire des lèvres pour laisser passer des paroles, laissèrent, elles, passer un éclair.

Le procureur du Roi, qui savait les anciens rapports d'inimitié publique qui avaient existé entre son père et le père de

Franz, comprit ce feu et cette agitation ; mais cependant il les laissa passer comme inaperçus, et reprenant la parole où sa femme l'avait laissée :

— Monsieur, dit-il, il est important, vous le comprenez bien, près comme elle est d'atteindre sa dix-neuvième année, que Valentine soit enfin établie. Néanmoins, nous ne vous avons point oublié dans les conférences, et nous nous sommes assuré d'avance que le mari de Valentine accepterait de vivre, sinon près de nous, qui gênerions peut-être un jeune ménage, du moins que vous, que Valentine chérit particulièrement, et qui, de votre côté, paraissez lui rendre cette affection, vivriez près d'eux, de sorte que vous ne perdrez aucune de vos habitudes, et que vous aurez seulement deux enfants au lieu d'un pour veiller sur vous.

L'éclair du regard de Noirtier devint sanglant.

Assurément il se passait quelque chose d'affreux dans l'ame de ce vieillard; assurément le cri de la douleur et de la colère montait à sa gorge, et, ne pouvant éclater, l'étouffait, car son visage s'empourpra et ses lèvres devinrent bleues.

Villefort ouvrit tranquillement une fenêtre en disant :

— Il fait bien chaud ici, et cette chaleur fait mal à M. Noirtier.

Puis il revint, mais sans se rasseoir.

— Ce mariage, ajouta madame de Villefort, plaît à M. d'Epinay et à sa famille; d'ailleurs sa famille se compose seulement d'un oncle et d'une tante. Sa mère étant morte au moment où elle le mettait au monde, et son père ayant été assassiné en 1815, c'est-à-dire quand l'enfant avait deux ans à peine; il ne relève donc que de sa propre volonté.

— Assassinat mystérieux, dit Villefort, et dont les auteurs sont restés inconnus, quoique le soupçon ait plané sans s'abattre au-dessus de la tête de beaucoup de gens.

Noirtier fit un tel effort que ses lèvres se contractèrent comme pour sourire.

— Or, continua Villefort, les véritables

coupables, ceux-là qui savent qu'ils ont commis le crime, ceux-là sur lesquels peut descendre la justice des hommes pendant leur vie et la justice de Dieu après leur mort, seraient bien heureux d'être à notre place, et d'avoir une fille à offrir à M. Franz d'Épinay pour éteindre jusqu'à l'apparence du soupçon.

Noirtier s'était calmé avec une puissance que l'on n'aurait pas dû attendre de cette organisation brisée.

— Oui, je comprends, répondit-il du regard à Villefort; et ce regard exprimait tout ensemble le dédain profond et la colère intelligente.

Villefort, de son côté, répondit à ce regard, dans lequel il avait lu ce qu'il contenait, par un léger mouvement d'épaules.

Puis il fit signe à sa femme de se lever.

— Maintenant, Monsieur, dit madame de Villefort, agréez tous mes respects. Vous plaît-il qu'Edouard vienne vous présenter ses respects?

Il était convenu que le vieillard exprimait son approbation en fermant les yeux, son refus en les clignant à plusieurs reprises, et avait quelque désir à exprimer quand il les levait au ciel.

S'il demandait Valentine, il fermait l'œil droit seulement.

S'il demandait Barrois, il fermait l'œil gauche.

A la proposition de madame de Villefort, il cligna vivement des yeux.

Madame de Villefort, accueillie par un refus évident, se pinça les lèvres.

— Je vous enverrai donc Valentine, alors? dit-elle.

— Oui, fit le vieillard en fermant les yeux avec vivacité.

M. et madame de Villefort saluèrent et sortirent en ordonnant qu'on appelât Valentine, déjà prévenue au reste qu'elle aurait quelque chose à faire dans la journée près de M. Noirtier.

Derrière eux, Valentine, toute rose encore d'émotion, entra chez le vieillard. Il ne lui fallut qu'un regard pour qu'elle comprit combien souffrait son aïeul et combien de choses il avait à lui dire.

— Oh! bon papa, s'écria-t-elle, qu'est-il donc arrivé? On t'a fâché, n'est-ce pas, et tu es en colère?

— Oui, fit-il en fermant les yeux.

— Contre qui donc? Contre mon père? non; contre madame de Villefort? non; contre moi?

Le vieillard fit signe que oui.

— Contre moi! reprit Valentine étonnée.

Le vieillard renouvela le signe.

— Et que t'ai-je donc fait, cher bon papa? s'écria Valentine.

Pas de réponse; elle continua :

— Je ne t'ai pas vu de la journée, on t'a donc rapporté quelque chose de moi ?

— Oui, dit le regard du vieillard avec vivacité.

— Voyons donc que je cherche. Mon Dieu, je te jure, bon père... Ah !... M. et madame de Villefort sortent d'ici, n'est-ce pas ?

— Oui.

— Et ce sont eux qui t'ont dit ces choses qui te fâchent ? Qu'est-ce donc ? Veux-tu que j'aille le leur demander pour que je puisse m'excuser près de toi ?

— Non, non, fit le regard.

— Oh! mais tu m'effraies. Qu'ont-ils pu dire, mon Dieu? Et elle chercha.

— Oh! j'y suis, dit-elle, en baissant la voix et en se rapprochant du vieillard. Ils ont parlé de mon mariage peut-être?

— Oui, répliqua le regard courroucé.

— Je comprends; tu m'en veux de mon silence. Oh! vois-tu, c'est qu'ils m'avaient bien recommandé de ne t'en rien dire; c'est qu'ils ne m'en avaient rien dit à moi-même, et que j'avais surpris en quelque sorte ce secret par indiscrétion; voilà pourquoi j'ai été si réservée avec toi. Pardonne-moi, bon papa Noirtier!

Redevenu fixe et atone, le regard sembla répondre : Ce n'est pas seulement ton silence qui m'afflige.

— Qu'est-ce donc ? demanda la jeune fille ; tu crois peut-être que je t'abandonnerais, bon père, et que mon mariage me rendrait oublieuse ?

— Non, dit le vieillard.

— Ils t'ont dit alors que M. d'Epinay consentait à ce que nous demeurassions ensemble ?

— Oui.

— Alors pourquoi es-tu fâché ?

Les yeux du vieillard prirent une expression de douceur infinie.

— Oui, je comprends, dit Valentine, parce que tu m'aimes.

Le vieillard fit signe que oui.

— Et tu as peur que je ne sois malheureuse ?

— Oui.

— Tu n'aimes pas M. Franz ?

Les yeux répétèrent trois ou quatre fois :

— Non, non, non.

— Alors tu as bien du chagrin, bon père ?

— Oui.

— Eh bien ! écoute, dit Valentine en se mettant à genoux devant Noirtier et en lui passant ses bras autour du cou, moi aussi j'ai bien du chagrin, car moi non plus je n'aime pas M. Franz d'Epinay.

Un éclair de joie passa dans les yeux de l'aïeul.

— Quand j'ai voulu me retirer au couvent, tu te rappelles bien que tu as été si fort fâché contre moi?

Une larme humecta la paupière aride du vieillard.

— Eh bien! continua Valentine, c'était pour échapper à ce mariage qui fait mon désespoir.

La respiration de Noirtier devint haletante.

— Alors ce mariage te fait bien du chagrin, bon père. O mon Dieu! si tu pouvais m'aider, si nous pouvions à nous deux rompre leur projet. Mais tu es sans force contre eux, toi, dont l'esprit cependant est si vif et la volonté si ferme; mais quand il s'agit de lutter, tu es aussi faible et même plus faible que moi. Hélas! tu eusses été pour moi un protecteur si puissant aux jours de ta force et de ta santé: mais aujourd'hui tu ne peux plus que me comprendre et te réjouir ou t'affliger avec moi; c'est un dernier bonheur que Dieu a oublié de m'enlever avec les autres.

Il y eut à ces paroles dans les yeux de Noirtier une telle expression de malice et de profondeur, que la jeune fille crut y lire ces mots:

— Tu te trompes, je puis encore beaucoup pour toi.

— Tu peux quelque chose pour moi, cher bon papa? traduisit Valentine.

— Oui.

Noirtier leva les yeux au ciel. C'était le signe convenu entre lui et Valentine lorsqu'il désirait quelque chose.

— Que veux-tu, cher père, voyons?

Valentine chercha un instant dans son esprit, exprima tout haut ses pensées à mesure qu'elles se présentaient à elle, et, voyant qu'à tout ce qu'elle pouvait dire le vieillard répondait constamment : *Non.*

— Allons, fit-elle, les grands moyens, puisque je suis si sotte !

Alors elle récita l'une après l'autre toutes les lettres de l'alphabet depuis A jusqu'à N, tandis que son sourire interrogeait l'œil du paralytique; à N, Noirtier fit signe que oui.

— Ah! dit Valentine, la chose que vous désirez commence par la lettre N, c'est à l'N que nous avons affaire. Eh bien! voyons, que lui voulons-nous à l'N? na-ne-ni-no.

— Oui, oui, oui, fit le vieillard.

— Ah! c'est *no*.

— Oui.

Valentine alla chercher un dictionnaire qu'elle posa sur un pupitre devant Noirtier; elle l'ouvrit, et quand elle eut vu l'œil du vieillard fixé sur les feuilles, son doigt courut vivement du haut en bas des colonnes.

L'exercice, depuis six ans que Noirtier était tombé dans le fâcheux état où il se trouvait, lui avait rendu les épreuves si faciles, qu'elle devinait aussi vite la pensée du vieillard que si lui-même eût pu chercher dans le Dictionnaire.

Au mot *notaire*, Noirtier lui fit signe de s'arrêter.

— *Notaire*, dit-elle, tu veux un notaire, bon papa?

Le vieillard fit signe que c'était effectivement un notaire qu'il désirait.

— Il faut donc envoyer chercher un notaire? demanda Valentine.

— Oui, fit le paralytique.

— Mon père doit-il le savoir?

— Oui.

— Es-tu pressé d'avoir ton notaire?

— Oui.

— Alors, on va te l'envoyer chercher tout de suite, cher père. Est-ce tout ce que tu veux?

— Oui.

Valentine courut à la sonnette et appela un domestique pour le prier de faire venir M. ou madame de Villefort chez le grand-père.

— Es-tu content? dit Valentine; oui... je le crois bien, hein? ce n'était pas facile à trouver cela?

Et la jeune fille sourit à l'aïeul, comme elle eût pu faire à un enfant.

M. de Villefort entra ramené par Barrois.

— Que voulez-vous, Monsieur? demanda-t-il au paralytique.

— Monsieur, dit Valentine, mon grand-père désire un notaire.

A cette demande étrange, et surtout inattendue, M. de Villefort échangea un regard avec le paralytique.

— Oui, fit ce dernier avec une fermeté qui indiquait qu'avec l'aide de Valentine et de son vieux serviteur, qui savait maintenant ce qu'il désirait, il était prêt à soutenir la lutte.

— Vous demandez le notaire? répéta Villefort.

— Oui.

— Pourquoi faire?

Noirtier ne répondit pas.

— Mais qu'avez-vous besoin d'un notaire? demanda Villefort.

Le regard du paralytique demeura immobile et par conséquent muet, ce qui voulait dire : — Je persiste dans ma volonté.

— Pour nous faire quelque mauvais tour ? dit Villefort ; est-ce la peine ?

— Mais enfin, dit Barrois, prêt à insister avec la persévérance habituelle aux vieux domestiques, si monsieur veut un notaire, c'est apparemment qu'il en a besoin. Ainsi je vais aller chercher un notaire.

Barrois ne reconnaissait d'autre maître que Noirtier, et n'admettait jamais que ses volontés fussent contestées en rien.

— Oui, je veux un notaire, fit le vieillard en fermant les yeux d'un air de défi, et comme s'il eût dit :

— Voyons si l'on osera me refuser ce que je veux.

— On aura un notaire, puisque vous en voulez absolument un, Monsieur; mais je m'excuserai près de lui et vous excuserai vous-même, car la scène sera fort ridicule.

— N'importe, dit Barrois, je vais toujours l'aller chercher.

Et le vieux serviteur sortit triomphant.

tard en fermant les yeux d'un air de défi,
et rouvrir à la vie...

— Voyons si l'on sera ou non l'un de ceux que j'aim.

— Oui, ou ma nature, indigne, m'a [unclear] on serait [unclear] qui, (illisible) que je n'ai reçu [unclear] je [unclear] a [unclear] pour qui [unclear] [illisible].

— [unclear] que [unclear] Danaüs [unclear] le [unclear] jour l'éternité ».

Et [unclear] [illisible].

CHAPITRE VIII.

LE TESTAMENT.

Au moment où Barrois sortit, Noirtier regarda Valentine avec cet intérêt malicieux qui annonçait tant de choses. La jeune fille comprit ce regard et Villefort aussi, car son front se rembrunit et son sourcil se fronça.

Il prit un siège, s'installa dans la chambre du paralytique, et attendit.

Noirtier le regardait faire avec une parfaite indifférence; mais, du coin de l'œil, il avait ordonné à Valentine de ne point s'inquiéter et de rester aussi.

Trois quarts d'heure après, le domestique rentra avec le notaire.

— Monsieur, dit Villefort après les premières salutations, vous êtes mandé par M. Noirtier de Villefort que voici; une paralysie générale lui a ôté l'usage des membres et de la voix, et nous seuls à grand'peine parvenons à saisir quelques lambeaux de ses pensées.

Noirtier fit de l'œil un appel à Valentine, appel si sérieux et si impératif, qu'elle répondit sur-le-champ :

— Moi, Monsieur, je comprends tout ce que veut dire mon grand-père.

— C'est vrai, ajouta Barrois, tout, absolument tout, comme je le disais à Monsieur en venant.

— Permettez, Monsieur, et vous aussi, Mademoiselle. dit le notaire s'adressant à Villefort et à Valentine : c'est là un de ces cas où l'officier public ne peut inconsidérément procéder sans assumer une responsabilité dangereuse. La première nécessité, pour qu'un acte soit valable, est que le notaire soit bien convaincu qu'il a fidèlement interprété la volonté de celui qui le dicte. Or je ne puis pas moi-même être sûr de l'approbation ou de l'improbation d'un client qui ne parle pas; et comme l'objet de ses désirs ou de ses répugnances, vu son mutisme, ne peut m'être prouvé clairement, mon ministère est plus qu'inutile et serait illégalement exercé.

Le notaire fit un pas pour se retirer. Un imperceptible sourire de triomphe se dessina sur les lèvres du procureur du Roi.

De son côté, Noirtier regarda Valentine avec une telle expression de douleur, qu'elle se plaça sur le chemin du notaire.

— Monsieur, dit-elle, la langue que je parle avec mon grand-père est une langue qui se peut apprendre facilement; et de même que je le comprends, je puis en quelques minutes vous amener à le comprendre. Que vous faut-il, voyons, Monsieur, pour arriver à la parfaite édification de votre conscience?

— Ce qui est nécessaire pour que nos actes soient valables, Mademoiselle, répondit le notaire; c'est-à-dire la certitude de l'approbation ou de l'improbation. On peut tester malade de corps, mais il faut tester sain d'esprit.

— Eh bien! Monsieur, avec deux signes vous acquerrez cette certitude que mon grand-père n'a jamais mieux joui qu'à cette heure de la plénitude de son intelligence. M. Noirtier, privé de la voix, privé du mouvement, ferme les yeux quand il veut dire oui, et les cligne à plusieurs reprises quand il veut dire non.

Vous en savez assez maintenant pour causer avec M. Noirtier; essayez.

Le regard que lança le vieillard à Valentine était si humide de tendresse et de reconnaissance, qu'il fut compris du notaire lui-même.

— Vous avez entendu et compris ce que vient de dire votre petite-fille, Monsieur? demanda le notaire.

Noirtier ferma doucement les yeux, et les rouvrit après un instant.

— Et vous approuvez ce qu'elle a dit? c'est-à-dire que les signes indiqués par elle sont bien ceux à l'aide desquels vous faites comprendre votre pensée?

— Oui, fit encore le vieillard.

— C'est vous qui m'avez fait demander?

— Oui.

— Pour faire votre testament?

— Oui.

— Et vous ne voulez pas que je me retire sans avoir fait ce testament?

Le paralytique cligna vivement et à plusieurs reprises des yeux.

— Eh bien! Monsieur, comprenez-vous maintenant, demanda la jeune fille, et votre conscience sera-t-elle en repos?

Mais avant que le notaire n'eût pu répondre. Villefort le tira à part :

— Monsieur, dit-il, croyez-vous qu'un homme puisse supporter impunément un choc physique aussi terrible que celui qu'a éprouvé M. Noirtier de Villefort, sans que le moral ait reçu lui-même une grave atteinte?

— Ce n'est point cela précisément qui m'inquiète, Monsieur, répondit le notaire, mais je me demande comment nous arriverons à deviner les pensées, afin de provoquer les réponses.

— Vous voyez donc que c'est impossible, dit Villefort.

Valentine et le vieillard entendaient

cette conversation. Noirtier arrêta son regard si fixe et si ferme sur Valentine, que ce regard appelait évidemment une riposte.

— Monsieur, dit-elle, que cela ne vous inquiète point; si difficile qu'il soit, ou plutôt qu'il vous paraisse de découvrir la pensée de mon grand-père, je vous la révèlerai, moi, de façon à lever tous les doutes à cet égard. Voilà six ans que je suis près de M. Noirtier, et qu'il le dise lui-même, si, depuis six ans, un seul de ses désirs est resté enseveli dans son cœur faute de pouvoir me le faire comprendre.

— Non, fit le vieillard.

— Essayons donc, dit le notaire; vous

acceptez Mademoiselle pour votre interprète ?

Le paralytique fit signe que oui.

— Bien ; voyons, Monsieur, que désirez-vous de moi, et quel est l'acte que vous désirez faire ?

Valentine nomma toutes les lettres de l'alphabet jusqu'à la lettre T.

A cette lettre, l'éloquent coup d'œil de Noirtier l'arrêta.

— C'est la lettre T que Monsieur demande, dit le notaire ; la chose est visible.

— Attendez, dit Valentine ; puis, se

retournant vers son grand-père : Ta...? té...

Le vieillard l'arrêta à la seconde de ces syllables.

Alors Valentine prit le dictionnaire, et aux yeux du notaire attentif elle feuilleta les pages.

— Testament, dit son doigt, arrêté par le coup d'œil de Noirtier.

— Testament, s'écria le notaire, la chose est visible ; Monsieur veut tester.

— Oui, fit Noirtier à plusieurs reprises.

— Voilà qui est merveilleux, Monsieur,

convenez-en, dit le notaire à Villefort stupéfait.

— En effet, répliqua-t-il, et plus merveilleux encore serait ce testament ; car, enfin, je ne pense pas que les articles se viennent ranger sur le papier, mot par mot, sans l'intelligente aspiration de ma fille. Or Valentine sera peut-être un peu trop intéressée à ce testament pour être un interprète convenable des obscures volontés de M. Noirtier de Villefort.

— Non, non, non! fit le paralytique.

— Comment! dit M. de Villefort, Valentine n'est point intéressée à votre testament?

— Non, fit Noirtier.

— Monsieur, dit le notaire qui, enchanté de cette épreuve, se promettait de raconter dans le monde les détails de cet épisode pittoresque; Monsieur, rien ne me paraît plus facile maintenant que ce que tout-à-l'heure je regardais comme une chose impossible, et ce testament sera tout simplement un testament mystique, c'est-à-dire prévu et autorisé par la loi, pourvu qu'il soit lu en face de sept témoins, approuvé par le testateur devant eux, et fermé par le notaire, toujours devant eux. Quant au temps, il durera à peine plus longtemps qu'un testament ordinaire, il y a d'abord les formules consacrées et qui sont toujours les mêmes, et quant aux détails, la plupart seront fournis par l'état même des affaires du testateur et par vous qui, les ayant gérées, les connaissez. Mais d'ailleurs, pour que cet acte demeure inattaquable, nous allons lui donner l'authenticité la plus complète; l'un de mes confrères me servira d'aide et, contre les habitudes, assistera à la dictée. Êtes-vous satisfait, Monsieur? continua le notaire en s'adressant au vieillard.

— Oui, répondit Noirtier, radieux d'être compris.

— Que va-t-il faire? se demanda Villefort à qui sa haute position commandait tant de réserve, et qui, d'ailleurs, ne pouvait deviner vers quel but tendait son père.

Il se retourna donc pour envoyer chercher le deuxième notaire désigné par le premier; mais Barrois, qui avait tout entendu et qui avait deviné le désir de son maître, était déjà parti.

Alors le procureur du Roi fit dire à sa femme de monter.

FIN DU HUITIÈME VOLUME.

entendu et qui avait deviné le désir de son maître, était déjà parti.

Alors le procureur du Roi fit dire à sa femme de monter.

FIN DU HUITIÈME VOLUME.

TABLE DES CHAPITRES.

Chap. Ier. Toxicologie.	1
II. Robert-le-Diable.	57
III. La Hausse et la Baisse.	117
IV. Le Major Cavalcanti	155
V. Andrea Cavalcanti.	197
VI. L'Enclos à la luzerne.	243
VII. M. Noirtier de Villefort	283
VIII. Le Testament.	315

TABLE DES CHAPITRES.

Chap. Ier. De l'origine...	1
II. ...	
III. ...	
IV. ...	
V. ...	
VI. ...	
VII. ...	
VIII. ...	

SOUS PRESSE :

La Dame de Monsoreau, par ALEXANDRE DUMAS.

Le Vicomte de Bragelonne, ou Dix Ans plus tard, complément des Trois Mousquetaires, par LE MÊME.

Le Veau d'Or, par CHARLES DE BERNARD (ouvrage entièrement inédit).

Eglantine, par madame JUNOT-D'ABRANTÈS.

Le Gardien de Fontainebleau, par madame LOUISE COLLET.

Derrière le Grand Mât, roman maritime, par ÉDOUARD PUJOL, lieutenant de vaisseau, auteur de Entre deux Lames.

La Rue Quincampoix, par ADRIEN PAUL.

Comme on aime une Femme, par LE MÊME.

www.ingramcontent.com/pod-product-compliance
Lightning Source LLC
Chambersburg PA
CBHW072010150426
43194CB00008B/1064